大夏书系·教育思想录

中国著名特级教师

教学思想录 [二]

朱永新 主编

朱寅年 副主编

新教育研究院 编著

Zhongguo
Zhuming Teji Jiaoshi
Jiaoxue Sixianglu

华东师范大学出版社

ECNUP 全国百佳图书出版单位

图书在版编目（CIP）数据

中国著名特级教师教学思想录 .2 ／朱永新主编 .—上海：华东师范大学出版社，2016.3
（大夏书系·教育思想录）
ISBN 978-7-5675-4884-8

Ⅰ.①中 ... Ⅱ.①朱 ... Ⅲ.①教育学—文集　Ⅳ.① G40-53

中国版本图书馆 CIP 数据核字（2016）第 048254 号

大夏书系·教育思想录

中国著名特级教师教学思想录（二）

主　　编	朱永新
副主编	朱寅年
编　　著	新教育研究院
策划编辑	李永梅
审读编辑	张思扬
装帧设计	奇文云海·设计顾问

出版发行　华东师范大学出版社
社　　址　上海市中山北路 3663 号　邮编　200062
网　　址　www.ecnupress.com.cn
电　　话　021 - 60821666　行政传真　021 - 62572105
客服电话　021 - 62865537
邮购电话　021 - 62869887　地址　上海市中山北路 3663 号华东师范大学校内先锋路口
网　　店　http://hdsdcbs.tmall.com

印　刷　者　北京密兴印刷有限公司
开　　本　700×1000　16 开
插　　页　1
印　　张　14.75
字　　数　212 千字
版　　次　2016 年 7 月第一版
印　　次　2024 年 10 月第十三次
印　　数　32 101–33 100
书　　号　ISBN 978 - 7 - 5675 - 4884 - 8／G·9217
定　　价　39.80 元

出　版　人　王　焰

（如发现本版图书有印订质量问题，请寄回本社市场部调换或电话 021-62865537 联系）

目 录

序 让思想的光芒照亮教育的路程

我一直认为，教育是一个技术活，但更是一个思想活。成功的教育，优秀的教育人，无论他是一位教师、班主任、校长，还是局长，支撑他站立在教育大地上的力量，一定是思想。没有思想的教育，一定是站不住、走不远的。

多年前，我曾写过这样一段小诗：

> 教育需要思想的光芒
>
> 走出经验的泥沼，迎接理性的朝阳
>
> 再不能用一张教育的旧船票不断重复昨天的故事
>
> 也不能把一张教育的旧兰谱不停地老调重唱

技术和思想，是"毛"与"皮"的关系。思想皮之不存，技术毛将焉附？基于这样的认识，2000 年，我在主编《新世纪教育文库》时，特地亲自主编了《中国著名特级教师教学思想录》《中国著名班主任德育思想录》和《中国著名校长办学思想录》三本小书，并为每本书撰写序言，向读者推介这些从教育一线中生长出来的教育思想。其中，除了《中国著名特级教师教学思想录》是根据柳斌先生主编、江苏教育出版社的同名系列图书选编的外，其他两本是我自己开出名单、亲自邀请作者撰写的。

十多年来，这三本书一直深受欢迎，多次重印。这些特级教师、优秀班主任和校长的教育思想，影响着许多年轻教师、班主任和校长的成长，甚至被很多教育工作者称为自己的案头必备。

江山代有才人出。十多年过去了，又一批年轻的特级教师、班主任和校长成长起来了；又有许多新的故事、新的思想。于是，我想到了修订这套书，并且邀请了时任新教育研究院新阅读研究所副所长的朱寅年兄协助我完成这个项目。

我一直认为，如果说特级教师影响的是一个课堂，班主任影响的是一间教室，校长影响的是一所学校的话，那么局长影响的是一个区域。教育局长的思想与境界，同时也会直接影响到校长、班主任和教师。因此，我决定增加一本《中国著名教育局长管理思想录》。

感谢寅年兄和《中小学管理》杂志的主编曾国华先生，他们两位拿着我的邀请信一个个联系，一次次催促，前后一年多的时间，终告完成。特别是寅年兄，在新阅读研究所工作任务繁重的情况下，克服许多困难完成了这项任务。

需要说明的是，不唯资历，不唯名气，重视思想，重视实力，是我们选择、邀请作者的标准；但是，有许多人符合条件，却或因没有时间，或因无法联系，或因自己放弃而没有来稿，故这套书仍然存在不少遗憾。我希望这套书是一个开放的系统，条件成熟时可以不断增补，让它成为记录这个时代教育风云人物思想的史册，成为照亮教育路程的一盏明灯。

同样需要说明的是，收录于这套书中的每位教师、班主任、校长和局长都有自己的过人之处，都有自己的"功夫"秘籍，我们在编排时没有厚此薄彼，完全是根据作者的姓氏音序而安排的。

一本真正的好书，是作者、编者、出版社和读者共同完成的。所以，我要特别感谢江苏教育出版社和华东师范大学出版社。感谢江苏教育出版社为这套书最初的出版付出了辛勤的劳动，感谢华东师范大学出版社在新版编辑出版过程中卓有成效的工作。感谢朱寅年先生和曾国华先生在新版组稿联系过程中具体而微的努力。感谢亲爱的读者朋友们，无论你是老师、校长、局长，还是教育行业以外的朋友，但愿这套书能够给你启迪，让这些扎根于中国大地的教育思想能够照亮我们教育的路程。

朱永新

2015 年 12 月 20 日写于北京滴石斋

任 勇

厦门市教育局副局长，数学特级教师，北京师范大学兼职教授，厦门第一中学原校长。享受国务院政府特殊津贴，荣获"苏步青数学教育奖"一等奖，入选教育部"国培计划"首批专家，获全国"书香之家"称号。已编写和参与编写《任勇与数学学习指导》《年轻教师必听的讲座》《为发展而教育》等90多部著作，在《教育研究》《数学通报》《人民教育》等刊物发表各类文章1000多篇，应邀赴各地讲学600多场。

让数学课堂"气"象万千

我的数学课，给人的感觉是"气"象万千：有大气、有才气、有朝气、有秀气、有和气、有灵气、有喜气。

一、"大气"一些——有文化

数学教学，总的说来"大气不足"。这固然与现行的考试制度有关，但也和数学教师的教学观念、知识积累、能力水平、文化素养有关。即便是为了升学，我们的数学课也完全可以上得大气一些。

"小气"的表现是多方面的。如：数学概念教学主张"掐头去尾烧（鱼）中段"，而忽略了对数学知识的火热的思考；钻数学解题教学的"特技特法"，而忽略了数学解题教学的"通性通法"；以高考中考不考为由，扼杀学生对数学知识和数学问题适当延伸的渴望；不重视"选学内容"，甚至视"选学内容"为"不学内容"；等等。

某数学老师教"复数"最后一课，书上有"小体字"的选读内容，讲复数的指数形式等。我听课时，以为老师会有"最美等式"的生动故事，没想到老师却说："大家功课紧，选读内容就不读了吧，可预习'小体字'之后的解析几何内容。"

我当时的反应是："老师啊，你不能这么'小气'，没文化啊！"

"$e^{i\pi}+1=0$"是传播"数学文化"的很好案例，也是激发学生喜爱数学的极好案例，如此"失之交臂"实在可惜！

我每次教复数时，都会这样讲：……奇巧而有趣的是，数学中的"五朵金花"——中性数 0、基数 1、虚数单位 i、圆周率 π、自然对数的底数 e，竟能开在同一棵树上，组成一个"最美的艺术插花"——$e^{i\pi}+1=0$，不可谓不绝！

我还让学生欣赏我为此写的数学小品文《数苑中的"五朵金花"》，学生在"意料之外"与"令人震惊"中，又一次体验到了数学之美、数学之奇、数学之趣。

我期盼数学教学大气一些，数学的横向联系与纵向深入，都需要我们大气。愿数学教师，能气度不凡、不落俗套，自觉成为有"文化"的数学教师，自觉成为"数学文化"的传播者，自觉成为有"文化"的教育者。

二、"才气"一些——有智慧

数学教学的才气，表现在科学和艺术两个方面。数学是科学，这就要求数学教师应当具有精深的专业知识，能"透视"数学问题，解释数学规律；教学是艺术，这就要求数学教师具有娴熟的教学技能，能深入浅出、富于启发、生动活泼地传授知识，能激发学生兴趣、培养学生能力。

数学教师的才气，是数学教师"有智慧"的体现。

请问，"已知 $0<a<b$，$m>0$，证明 $\dfrac{a+m}{b+m}>\dfrac{a}{b}$"的教学，你的专业功底之"才"可以得多少分？

在我看来，你若能用分析法、综合法、求差比较法、求商比较法、反证法进行证明，大概可得 30 分；你若还能用放缩法、构造函数法、增量法进行证明，你就可以得 50 分了；你若能进一步研究，用定比分点法、斜率法、三角法、几何模型法进行证明，你就可以得到 70 分啦；你若还能再努力一下，继续研究，用正弦定理法、相似三角形法、换元法、双换元法、综合及放缩法、定义域及值域法进行证明，这时可得到 90 分；你若还能再开动脑筋、挖掘潜能，探寻到用椭圆离心率法、双曲线离心率法、函数图象法、两直线位置关系法、矩形面积法、定积分法进行证明，那就得 100 分啦！

我并不是说，每位数学教师都一定要掌握所有的证法，事实上也是"所有"不完的，还会有新的证法。我是想说，作为数学教师要尽可能地"透视"问题，这样在教学中才能左右逢源、得心应手。数学教师并不是要把所有的证明都教给学生，但要给学生"一杯水"，你没有"一桶水""一条河"能行吗？

我多次听过经典的"蛋碰杯底"问题的教学，绝大多数数学教师是先在黑板上画一个抛物线，然后在抛物线内画一个圆，问在什么情况下圆的"底部"能碰到抛物线的"底部"。

教师引导学生建立直角坐标系，联立方程 $\begin{cases} x^2 + (y-r)^2 = r^2 \\ x^2 = 2py \end{cases}$，研究圆与抛物线只有一个公共点为抛物线的顶点时，须有 $0 < r \leqslant p$。

教师讲完此题，便急匆匆地往下讲另一道题。

我当时在想：老师为什么不带些实物来呢？比如，一个透明酒杯、一个乒乓球、一个玻璃球、一个小钢珠，有了这些实物，一场生动的演示呈现了，生活中的数学呈现了，有用的数学呈现了。即使没带实物，也至少可以画出一个立体图（见下页），多少直观一些！

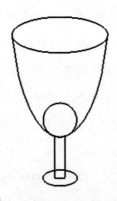

　　可是在我听过的所有讲这个问题的数学教师的课堂上，我没看到带实物的，没看到画立体图的，甚至有几个老师连"球碰杯底"或"蛋碰杯底"这样的话都没说，师生都在研究"纯数学"。

　　离"生活"这么近的数学，就这样"远离"了。

　　我当时还有另一个想法：老师啊，你为什么要急匆匆地往下讲那些"无关联"的题呢？精彩就在眼前！

　　你可以这样说：这酒杯是"魔幻酒杯"，现在变成双曲线形啦，会有怎样的结论呢？变成椭圆形呢？还可进一步引导学生想象着变化酒杯：球形的，圆柱形的，圆台形的，圆锥形的（也可以说 Y 字形的）……

　　我曾经上过这节课，请看一段教学实录：

　　此时大家的思维已经收不住了，有人说："魔幻酒杯变为 Y 形酒杯啦！"大家回答："永远碰不到。"我故意问："Y 的开口再大些，行吗？"大家回答："再大也碰不到！"

　　"什么时候才能碰到呢？"我佯装不知，继续追问。

　　现场顿时安静下来。

　　一位之前没怎么发言的女生站了起来腼腆地说："Y 形酒杯变为 T 形酒杯，那就永远能碰到！"

　　现场又活跃起来了，大家都在想象那只 T 形酒杯。

三、"朝气"一些——有活力

比较中外数学课堂教学，多数人有这样一种感觉：中国数学课堂教学相对比较沉闷。数学具有高度的抽象性、严密的逻辑性和广泛的应用性，但数学的抽象性和严密性，不能成为数学课堂教学沉闷的理由。抽象的东西，就不能把它讲得生动些吗？严密的东西，就不能让它有趣些吗？

其实，数学是迷人的乐园，曾使多少探索者流连忘返，如痴着魔；数学是神奇的世界，曾使无数开拓者绞尽脑汁，驻足兴叹。只要数学教师真情投入，激情教学，就能让数学课堂不再沉闷，就能让数学课堂充满朝气。

"无穷递缩等比数列"够抽象了吧？

如果我们问学生："聚沙"一定"成塔"吗？

这样一问，就能让抽象的数学课鲜活起来。

不信？请看教学片段：

"聚沙成塔"是一句大家熟知的成语，说的是把细沙聚集成宝塔，比喻积少可以成多，勉励人们凡事要持之以恒，终成大观。

如果用数学眼光读此成语，就别有一番情趣了。

情境之一：如果我们把塔看成由无数细沙聚成的，那么，甲每天聚沙 1 千克，成年累月无休止，并传之子子孙孙，的确可以成塔，因为 1+1+1+…这个加法算式中加数的个数无限增加，所得的和可以比任何指定的大数还要大。

事实上，只要每天聚同样多的沙，就一定能成塔。

如果有人说，"只要每天聚沙不止，就一定能成塔"，你赞同吗？

情境之二：乙第 1 天聚沙 1 吨（不少），第 2 天聚沙 $\frac{1}{2}$ 吨（也不算少），第 3 天聚沙 $\frac{1}{4}$ 吨，第 4 天聚沙 $\frac{1}{8}$ 吨，第 5 天聚沙 $\frac{1}{16}$ 吨……每天聚沙都是前一天的一半，长年累月聚沙不止，并传之子子孙孙，能聚成塔吗？

在式子 $1 + \frac{1}{2} + \frac{1}{4} + \frac{1}{8} + \frac{1}{16} + \cdots$ 中，虽然加数的个数无休止地增加，和也无休止地增加，但实际上这个和永远不会超过 2。因为：

$$1 + \frac{1}{2} + \cdots + \frac{1}{2^{n-1}} = \frac{1 - \left(\frac{1}{2}\right)^n}{1 - \frac{1}{2}} = 2\left(1 - \frac{1}{2^n}\right) = 2 - \frac{1}{2^{n-1}} < 2$$

乙虽然每天聚沙不止，但由于每天所聚的沙都比前一天少，所以总和不超过 2 吨，如此聚沙是不能成塔的。

数学眼光如此深邃、神奇！

那么，是不是说，"如果每天聚比前一天少的沙，就一定不能成塔"？

情境之三：丙第 1 天聚沙 1 千克（很少），第 2 天聚沙 $\frac{1}{2}$ 千克（更少），第 3 天聚沙 $\frac{1}{3}$ 千克（越来越少），第 4 天聚沙 $\frac{1}{4}$ 千克……长年累月不休止，并传之子子孙孙，能成塔吗？

只靠感觉不行，要思考。

思考 1：为什么甲聚沙不止，能成塔？

思考 2：为什么乙聚沙不止，却不能成塔？

看上去，丙与乙聚沙不止的差别并不大，因而丙也是不能聚沙成塔的。

但是，错了！

我们对 $1 + \frac{1}{2} + \frac{1}{3} + \frac{1}{4} + \cdots$ 作出如下的分析：

$$1 + \frac{1}{2} + \left(\frac{1}{3} + \frac{1}{4}\right) + \left(\frac{1}{5} + \frac{1}{6} + \frac{1}{7} + \frac{1}{8}\right) + \left(\frac{1}{9} + \frac{1}{10} + \cdots + \frac{1}{16}\right) + \cdots >$$

$$1 + \frac{1}{2} + \frac{1}{2} + \frac{1}{2} + \frac{1}{2} + \cdots$$

其中每个括号中的分数的和大于 $\frac{1}{2}$，并且括号的个数无限，这一串分数的和当然也就超过任何大的数了。

这就是说，如果丙第 1 天聚沙 1 千克，第 2 天聚沙 $\frac{1}{2}$ 千克，第 3、4 两天共聚沙超过 $\frac{1}{2}$ 千克，第 5、6、7、8 四天聚沙超过 $\frac{1}{2}$ 千克……如此聚沙不止，丙还是可以聚沙成塔的。

如此看来，成语 "聚少成多" 和 "聚沙成塔" 还是不尽相同的。"聚少" 一定 "成多"，但 "聚沙" 不一定 "成塔"。

四、"秀气" 一些——有美感

数学之美，美不胜收。维纳说："数学实质上是艺术的一种。"数学中充满着美的因素，运用审美法则在一定程度上可以帮助我们提高解题和研究问题的能力。

数学美感，能唤起良好的情感，就会让学生感到数学学习是十分有趣的，不觉得是一种负担，一种苦役，而是一种需要，一种享受。

问题是我们无论在数学美感的发掘上，还是在数学美感的运用上，都还做得很不够。换句话说，研究 "数学教学中数学美感" 问题，并在数学教学中加以应用，有着宽广的前景。

许多老师都执教过《正弦函数的图象》这节课，教学生怎么画正弦函数的图象。许多学生都有数学学了不知有什么用的感觉，"为画图象而画图象"，其实我们完全可以用身边的现象揭示数学之用和数学之美。

就说跑步吧，运动员在跑道上奔跑，手臂随步伐摆动起来。远远看去，上下摆动的手臂给人以动感美的视觉效果。

如果我们做些深入的研究，以数学眼光 "透视" 一下，就会惊奇地发现，手臂摆动 "划出" 了美丽的曲线。

究竟是什么曲线呢？

我们以 ON 代表手臂的垂直位置，当手臂摆动至 OP 位置时，设 $\angle PON = \theta$

为摆动的幅角。PN表示P点离开直线ON的水平距离，设$OP = r$为后臂的长度。

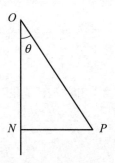

通常情况下，人的手臂摆动的最大幅角为$\theta_0 = \dfrac{\pi}{4}$，摆动中$PN = r\sin\theta$，则摆动到最大幅角时$PN = r\sin\theta_0$。

设$a = r\sin\theta$，由于幅角θ随时间t改变，因此，θ与t成正比。设T为摆动周期，即手臂完成一次摆动所需的时间，我们列出一个表：

t	0	$\dfrac{T}{4}$	$\dfrac{T}{2}$	$\dfrac{3T}{4}$	T
PN	0	a	0	$-a$	0

根据上表，我们就可以画出手臂摆动"划出"的曲线。

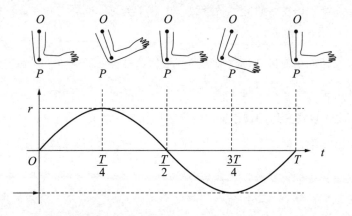

哇！一条我们熟知的正弦曲线！

我们期盼更多的充满美感的"秀气"的数学课！

五、"和气"一些——有互动

学生是学习的主人,是学习的主体。数学教师"和气"一些,实施真正意义上的师生互动,才能营造和谐融洽的课堂氛围。

在数学教学中,教师只有以"和气"之态,才能充分调动学生认知的、心理的、生理的、情感的、行为的、价值的等各方面的因素,使其参与到数学学习活动中去,才能让学生进入一种全新的学习境界。

下面是笔者教学生涯中的一个互动片段:

爱国华侨 H 先生准备在 X 市捐建一座圆形公园,公园里要建六个颇具特色的凉亭:在圆形公园的六个角(即正六边形的六个顶点)上各建一个美丽的凉亭。H 先生准备通过招标形式在 X 市几家建筑公司中选定一家来承建。几家公司都作好了充分的准备,大家都想承建这别具一格的公园。

招标会上,H 先生风趣地说:"圆形公园的建造既不考虑技术问题,也不考虑资金问题,相信这两点,双方都没问题,待中标后再具体协商。我想提的问题是,要在六个凉亭间修道路,从每个亭子出来都能走到另外任何一个亭子,哪个公司能把道路设计得最短,就由谁承建。"

师:我们班共 48 人,分成 12 个"四人小组"分别代表 12 个"公司",现在开始竞标。

(学生画图探索)

师:可以"胡思乱想",但需严格计算。

话音刚落,A、B、C 三"公司"几乎同时画出图 1:

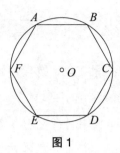

图 1

经计算全长为 $6a$。D、E、F "公司" 不甘落后，随即画出图 2，一算全长还是 $6a$。

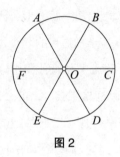

图 2

刚才火爆的场面平静了下来，静得出奇。

师：（小声地）科学需要默默地探索。

学生们一边微笑，一边画个不停。

G "公司" 经过冷静分析，画出了图 3。

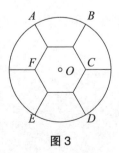

图 3

教室里顿时活跃起来。"有新意"，"真妙"，大家一阵称赞。众人一计算，叹气起来:"仍是 $6a$。"

师:能不能突破 $6a$ 的大关?"科学有险阻,苦战能过关!"

"请看我们的设计。"H"公司"激动地展示了图 4。

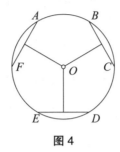

图 4

师:很好,大家再算算看。

一经计算,全长为 $3a + \dfrac{3\sqrt{3}}{2}a \approx 5.598a$。"好","妙极了",众"公司"赞不绝口。

师:有了突破性进展。

H"公司"十分得意。

"且慢!不必弄得那么复杂。"I"公司"轻松地画出了图 5。

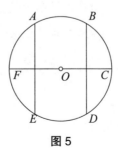

图 5

师:这难道会更短?计算是检验"真理"的唯一标准。

众"公司"将信将疑，不以为奇。可一计算，大家吃了一惊，全长为：$2a + 2\sqrt{3}\,a \approx 5.464a$，竟然比 H"公司"设计的还短。

真是斗智斗勇，"招标"进入了白热化。各"公司"在紧张地寻找新的突破。教室里静得出奇，时间在一分一秒地过去，眼看时限就要到了。

师：条条道路通罗马，哪条道路是捷径？真的"山穷水尽"了吗？

"我们有新的设计，道路最短。"一个响亮的声音从 J"公司"传出，同时展示出了图 6，还列了算式：$9 \times \dfrac{a}{\sqrt{3}} = 3\sqrt{3}\,a \approx 5.196a$。

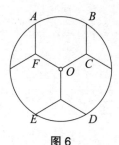

图 6

比 I"公司"设计的短了约 $0.268a$！众人惊愕，继而爆出热烈的掌声。

真是拍案叫绝，没有"公司"能设计出更短的道路了。J"公司"中标。

班上一片欢呼，祝贺 J"公司"取得成功。

师：路短且美，曲径通幽。这是科学的力量，这是智慧的结晶。数学本来就是美的嘛。当然，这个问题的探索还没有结束，同学们还能设计出全长更短的道路来吗？或者证明 J"公司"所设计的道路是最短的。

课后几天，一位学生还和我"互动"。我接到他打来的电话，他说他有更短的设计方案！只要将图 1 去掉 EF 即可，全长为 5a。

我惊愕了！

我虚拟的问题，有一个严重的漏洞，有可能被钻"空子"。于是，我向这位学生祝贺并给予极大的鼓励，同时修补了原问题，要求在公园中心再建一个亭子。

六、"灵气"一些——有方法

"让数学课堂充满智慧的灵性"，这是数学教学的基本要求。

数学课堂的灵性，更多的是要靠数学教师"灵气"的感染。这种感染可以是一题多解、一题多变、一题多用，可以是深入浅出的巧妙解答，可以是化难为易的新奇证明，可以是教师"大智若愚"的有意差错，可以是"设置陷阱"的善意为难。

英国著名的物理学家、科学家的奠基人贝尔纳说过："良好的方法能使我们更好地发挥运用天赋的才能，而拙劣的方法则可能阻碍才能的发挥。"由此可见，学习方法问题是关系到学习成败的关键问题。学习如此，解题亦然。

问题：已知 a、b、c、$d \in [0, 1)$，求证：$(1-a)(1-b)(1-c)(1-d) \geq 1 - a - b - c - d$。

若将左边展开，再用求差比较法取证，也许行得通，但显然过于繁杂。我们从结构的递推性分析：

若"进"，似可推广为 $(1-x_1)(1-x_2)\cdots(1-x_n) \geq 1 - x_1 - x_2 - \cdots x_n$，$x_i \in [0, 1)$；若"退"，似有 $(1-a)(1-b) \geq 1 - a - b$。

我们采用"以退求进"的策略：

因 $ab \geq 0$，故 $1 - a - b + ab \geq 1 - a - b$，即 $(1-a)(1-b) \geq 1 - a - b$。

$\because 1 - c > 0$

$\therefore (1-a)(1-b)(1-c) \geq (1 - a - b)(1-c) = 1 - a - b - c + c(a+b) \geq$

   $1 - a - b - c$。

进一步可证得原不等式成立，用数学归纳法不难证明推广后的结论。

这里的"以退求进"，就是数学解题的一种方法，我们称之为"退下来，跃上去"。

七、"喜气"一些——有趣味

许多人听过数学课之后，都有这样一种感觉——严肃有余，"喜气"不足。其实，只要数学教师稍微留心一下，就能找到许多可以创造"喜气"的情境。出个趣题，讲个故事，做个游戏，甚至"闹个"笑话，有机融入数学教学，往往会产生意想不到的效果。

初为人师时，数学课上得"疯疯癫癫"，形成了自己的教学特色，深受学生喜爱。记者问我有什么秘诀，我当时也没细想，就说了句："每课一趣。"今天回想起来，觉得当年的回答还是蛮有道理的。当然，严格地说应该是"每课至少一趣"。

请看几例"每课一趣"。

（1）立体几何令一些学生"头痛"，一次上课开讲时，我说了个"故事"：

李工程师到某国考察，发现了一种钢坯，正是国内一种设备上急需的，于是他立即买下钢坯准备带回国内。当他购买返程机票时，才知道这个国家对乘客所带的货物，要求长宽高都不准超过 1 米，而李工程师买的这根钢坯，虽然直径只有 2 厘米，但长度却达 1.7 米，李工程师能带回这根钢坯吗？

李工程师终于想出了一个绝妙的办法，第二天，钢坯果然被巧妙地带上了飞机，既没有截断钢坯，又没有违反规定。

同学们知道李工程师用了什么样的办法吗？

学生思来想去，终未获解。

我说："学了立体几何，就容易啦！"

原来，李工程师用木板钉了一个长宽高均为 1 米的纸箱，然后将钢坯斜放进去。

请注意：1 米的正方体它的对角线为 $\sqrt{1^2 + 1^2 + 1^2} = \sqrt{3} = 1.7321 > 1.7$。

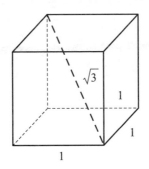

我进一步说:"巧思妙想,活用数学,可以给人们带来意想不到的收获。其实,没学立体几何,也是可以解答的,使用两次勾股定理即可。立体几何没什么可怕的,'立几'实际上就是不同面上的'平几'。"

(2) 还是一节立体几何课的"一趣":

有 4 个同样大小的汽水瓶,你能放得使任意两个瓶口中心之间的距离都相等吗?

学生开始摆了几次都没成功,我引导学生展开想象的翅膀,突破思维定势,把其中一个倒过来放,啊哈,成功了!

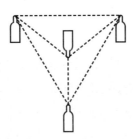

短短的几分钟,就让数学课堂充满了喜气!

下课铃响了,同学们欢快地下课了,我在走道上再次见到学生时,他们看我的眼神都不一样了——微笑着并带着智慧。

八、我的"土"经验

我在中学数学教学中进行研究和实践，总结了一些行之有效的经验，我称之为"土"经验，我觉得我的这些"土"经验，不敢说都是我原创的，但多有原创思想和独到思考。

经验1：每课一趣。

每节课都要有一道以上的趣味数学题，或是数学游戏，或是数学智力趣题，或是趣味数学故事。有时在开讲时讲，有时在课末时讲，有时渗透在课中讲。趣题可以和所学内容有关，也可以与所学内容无关。趣题一般不超纲，也可以适度超一点。趣题宜自然融入，力求起到引发兴趣、激活思维、活跃课堂之效。

经验2：每堂一赞。

不知从何时起，我养成了一个习惯，每天备课快结束前，还要"备一事"，就是"明天表扬谁?"可以表扬最近进步的学生，可以表扬给出新颖解题方法的学生，可以表扬自觉预习课文的学生，可以表扬研究型学习做得扎实的学生。教师，不要吝啬你的赞美。你的赞美，也许是某个学生成才的起点。

经验3：每日一题。

每天出一道数学征解题，供学有余力的学生选做。征解题可以是课本问题的拔高，可以是身边的精彩数学问题，可以是切合时宜的数学趣题。多数学生对每日一题很感兴趣，哪天没出征解题，学生就"若有所失"。征解题也可以由学生先提供给我，我简单评判或修改后署上学生名字公布。

经验4：生考教师。

寒暑假里，我让学生出数学试卷考我。全班学生各个露出神秘的表情，他们从来都是"被考试"，哪有可能出题考老师? 寒假里，我陆续收到来自学生的试卷，我逐一解答，并在"好题"旁圈上标记，在有特色的题旁写上批语。我将做完的试卷逐一交还或寄回给学生，让他们批改，看看我能得多少分。

经验 5：学生命题。

传统的考试方法，都是教师出卷考学生。作为考试改革的一种方法，我在所教的班级中进行让学生参与编拟数学试题的尝试，将班级学生分成若干组，每组命一份数学试卷，我从学生的命卷中选取 70% 的题目，加上我自己的 30% 的题目，组成一份数学试卷。你去试试，一定会收到意想不到的效果。

经验 6：作业再生。

"数学再生作业"就是教师在批改作业的过程中，发现错误并不直接修改，而是通过符号、提示、质疑、重做、"还原"、强化、借鉴、另解、引申、论文等方法，暗示其错误或错误的性质，或给出探索方向，由学生自己动脑动手，找到正确的答案，总结解题规律和解决新的问题。

经验 7：学习指导。

在数学教学中，有意识地渗透数学学习方法，是我教学的一大特色。就学习环节而言，我注重指导学生如何预习、听课、复习、做作业和总结；就学习内容而言，我注重指导学生会学概念、会学命题、会学解题；就数学能力而言，我注重指导学生自我培养运算能力、空间想象能力、逻辑思维能力以及分析问题和解决问题的能力。

经验 8：贴近生活。

数学来源于生活，又应用于生活中。数学家华罗庚曾经说过："宇宙之大，粒子之微，火箭之速，化工之巧，地球之变，日用之繁，无处不用数学。"这是对数学与生活的精彩描述。我经常"联系生活讲数学"，使学生体会到数学就在身边，感受到数学的趣味和作用，体验到数学的魅力。

经验 9：文化渗透。

数学同样具有人文色彩。"数学不仅是数字、符号、公式，而且还有浸润其中的数学文化。只有把抽象的、逻辑的、严谨的数学，即冰冷的数学，转化为生动的、人文的、思考的数学，即火热的数学文化，数学课堂才是人才陶冶的炉膛。"张奠宙教授的这番话，我在早年就开始践行了。

经验 10：不唯教材。

教学中，要有教材，要信教材，但不唯教材，活用教材。当然，首先要重视教材对教学的指引功能，教材毕竟是由专家学者编的，是集体智慧的结晶；其次要创造性地使用教材，稳定性和通用性的教材必须与时效性和个性化相结合，才能产生新的整体效应；第三要树立大教材观，整合一切教学资源为"我"所用。

经验 11：让生上课。

让学生当一回教师未尝不可，可以是整节课由学生来上，教师适当点评；可以由几个学生一起上课，教师点评；也可以是学生和教师共同上课，教师讲一段，学生讲一段。通常的情况是，讲评问题时，若学生有好的解法和好的想法，我就顺势说："请某某同学上来讲一讲他的解法（想法）。"

经验 12：成片开发。

数学概念、命题（公理、定理、性质、公式）、解题等，常常是可以"成片开发"的。我在教学中，以单元结构教学法为主，辅以其他教学方法，整体推进。注重数学知识的纵横联系，揭示其本质属性，让学生整体把握数学知识。在解题教学中，引导学生考虑一题多解，让问题由点构成线；引导学生一题多变，让问题由线构成面；引导学生一题多用，让问题由面构成体。这样，学生就可以多层次、广视角、全方位地认识数学问题。

经验 13：有意差错。

"有意差错"，说白了就是"故意讲错"。记得初为人师时的一次"有意差错"，由于"错得"太逼真，又有意放到下节课"纠错"，学生回家后和作为数学教师的家长探讨，竟误认为我的课"犯了科学性错误"。课改的今天，教学评价环境对"有意差错"就十分有利了。一方面，已有不少教师践行于此；另一方面，评价者的"境界"也提高了。

经验 14：高数弱化。

我在中学数学教学中，注意加强高等数学的内容、思想、观点、方法和中学数学的联系，使教学活动搞得生动活泼，取得了较好的教学效果。一是介绍高等数学内容，开阔学生的知识视野；二是渗透高等数学思想，培养学生的思维能力；三是运用高等数学观点，帮助学生理解教材；四是迁移高等数学方法，提高学生的解题能力。

经验15：作业谈心。

通过数学作业的批改和学生进行"信息交流"，这种"谈心"起初是单向的，就是我根据学生学习情况，或表扬肯定，或批评告诫。后来学生也会在做完作业后和我谈上几句，使谈心成为"双向的"。这种"谈心"，可以克服其他谈心法的一些不足，如教师因忙于教学、教研活动，或学生参加活动而找不到合适的时间进行谈心等。

经验16：统计到位。

每次单元小测或考试，对学生的错题进行统计，设计一个表格，横向为各题题序，纵向为学生姓名。填完表后，横向一看，每个学生的丢分情况一目了然，张三基础题丢分多，李四中档题丢分多；纵向一看，每种题型的丢分情况一清二楚，选择题的第9题全班错了28人，最后一题12分平均丢了9分！有了这些统计数据，讲评起来就更有针对性。

经验17：不为原序。

讲评作业、练习、试卷时，不是按原序进行，而是根据统计情况重新排序进行讲评。对于极少数学生做错的题，就不讲评了；对于绝大多数学生做错的题，为了增强印象，可以最先讲评；有些题要画图形，为了节约课堂宝贵的时间，教师课前先在黑板上画个图，这样这道题就可以先讲；也可以将同类问题（如最值问题）一起讲。

经验18：可开"天窗"。

一些学习程度相对差一些的学生，我常常鼓励他们认真做好基础题，因为基础题一般都在他们"能拿下"的范围内，尽量让基础题"得高分"，允许他们在每次作业或练习中在中档题或压轴题之处"开天窗"。"开天窗"的前提，一是经过认真思考确实还不会做，二是尽量做好基础题。

经验 19：限制解法。

求异思维是一种重要的创造性思维，它是引导学生从不同的方向、不同的角度探索多种答案，鼓励学生提出个人的独特见解，发挥自己独有的才能，力求创新的一种思维。解题教学是促进学生进行创造性思维活动的主要途径，我在教学中注意选用某些限制解题方法的题目，用以训练学生的求异思维，培养学生的创造能力，取得了一定的成效。

经验 20：限时作业。

提高解题速度，是数学作业的一项基本功，一些学生考试时感到时间不够用，这与解题速度慢有关。因此，我要求学生要有效率感，提高单位时间的作业量。你若平时做数学作业一般需 45 分钟，能不能给自己一个指令：今天做作业，节约 1 分钟。你去做了，结果发现节约的可能不止 1 分钟，也许是几分钟。经常进行限时作业训练，必有好处。

经验 21：序化有序。

序化，就是要求学生建立知识大厦，就是要让数学知识在学生的头脑中"有序"。比如，学生学了等差数列和等比数列，就可以整理出与它们有关的八个内容：定义、图象、通项、中项、前 n 项和、性质、判定、应用，将这八个内容构成一个知识体系，"有序"地印记在自己的大脑里。

经验 22：类化知类。

类化，就是引导学生将问题归类，掌握这一类问题的解题策略和具体方法，陌生的问题一旦转化入"类"，就会迎刃而解。比如，"含参问题"就是一类重要的且令学生头痛的问题。解题策略有两招：一是分类讨论，具体方法是"不重复不遗漏"；二是避免讨论，具体方法是"换元引参""分离系数""数形结合""变更主元"等。

经验 23：活化会活。

活化，就是融合多方面的知识，运用多种数学概念、定理、公式及多种运算灵活地解决问题。活化，就解题而言，就是思维的灵活性。指导学生善于观察，是发现解题思路的基本途径；指导学生恰当地转化，往往能使问题得以解决。在解题中，还应培养学生随机应变的能力，既注意通法，又适当探求特法，"通法使人深刻，特法使人灵活"。

经验 24：深化能深。

深化，就是将数学问题引深。可以通过一般化将问题引深；可以通过类比将问题引深；可以通过丰富命题结论将问题引深；可以通过变换命题条件将问题引深；可以通过交换命题条件与结论将问题引深。深化，是一种探索问题的方法，也是一种值得提倡的学习方法；深化，可以激发学生的学习兴趣，有效地提高数学水平。

孙双金

教授级教师，全国著名语文特级教师，享受国务院政府特殊津贴专家，现任南京市北京东路小学校长。情智语文创始人，教育部"教育家成长丛书"首批 20 位入选者之一，南京师范大学硕士生导师，江苏省小语会学术委员会主任，江苏省实验小学专业委员会副会长，江苏省课堂教学研究中心副主任，南京市科教文卫委员。曾荣获"全国教育系统先进工作者""全国师德先进个人""全国首届十大明星校长""全国名校长""江苏省十大杰出青年""南京市首届基础教育专家"和"2007 中国十大小语年度人物""2011 年全国推动读书十大人物"等称号。出版多部专著，发表300 多篇文章，自成一派的"情智教育"在全国广有影响。

寻梦：我的成长之路

　　2006年春节前夕，我收到了北京师范大学出版社给我寄来的新书《孙双金与情智教育》。这是由教育部师范教育司组编的"教育家成长丛书"中的一本。这套丛书收录了魏书生、李吉林、钱梦龙、邱学华、丁有宽、李镇西等20位当今教育界比较有影响的名师。入选条件是："在全国教育界有一定影响，教育思想有创新，教学方法有特色，教学教学效果有影响，为全国同行所熟知，为广大学生所欢迎，为社会所认可，是有相当名气和威望，堪称'学为人师，行为世范'者。其必备条件是：特级教师，并受到过省（部）级奖励。"（"教育家成长丛书"前言）

　　手捧这本装帧古朴大气的新著，我感慨万千，思绪翻滚。读着书中我的一段引言——"小马丁·路德金的《我有一个梦》曾像春雷响彻在世界的上空。'我有一个梦'成了每个人心中挥之不去的情结。我的梦想是做一名优秀的人民教师，让学生沉醉在我的课堂！我的梦想是做一名优秀的校长，让校园充盈人文的光芒，让每一位师生在我们的校园幸福地成长！为了这一梦想，我曾呕心沥血，我曾披星戴月，我曾上下求索"，我的思绪又飞到了25年前，想起了那曾经走过的日日夜夜，想起了伴我成长、给我欢乐、给我启迪的一幕幕……

一、"空试教的刺激"——在蹒跚中学步

大约是我上初中二年级时吧，学校调来一位非常年轻漂亮的女教师。她身材苗条，皮肤白嫩，鹅蛋形的脸上一双眼睛特别明亮。听说她是下放知识青年。学生都喜欢漂亮的老师，一听说她教我们班的物理，我们都暗自高兴了一阵。一天她教"作用力和反作用力"一章，讲到桥面对桥墩有作用力，同时桥墩对桥面有反作用力时，可笑无知的我们当时怎么也不明白下面的桥墩怎么会对上面的桥面有反作用力，于是我们就和她争论起来。我清楚地记得，女教师那雪白的脸蛋通红，但就是讲不明反作用力来自何方。我们这一帮争强好胜的少年就嚷着吵着到学校教导处，要求教导主任换一位有真才实学的老师教我们物理……

这个片段在我的脑海里烙下了深深的痕迹，它给我的影响太深了。朦胧中，我少年的心里萌生了一个念头：将来我当老师的话，我一定要把知识讲得清清楚楚、明明白白，决不允许自己急得满脸通红，而学生仍然是稀里糊涂。这恐怕是我第一次心中萌生了当老师的念头吧。

也许是天遂人意，也许是心想事成，"长大后我就成了你"，我真的考上了师范，成了"文化大革命"后走上教师岗位的第一批师范毕业生。1981年暑假，18岁的我怀着对未来无限的憧憬和希望走上了小学教师工作岗位。上世纪80年代初期，是教育战线的又一个春天，教学改革的浪潮一浪高过一浪。"加强双基，发展智力，培养能力"是那个年代的主旋律，公开教学活动一波接一波。我是正规师范的毕业生，公开课的担子自然落在了我的肩上。

星期三下午政治学习时间，全校教师济济一堂，坐满了三（1）班教室。初出茅庐的我站在讲台上面对50多位教师进行"空试教"。这是怎样的"试教课"呀！没有学生，我必须把教学环节的每一句话像面对学生那样讲出来。这真是难为我了。有时刚讲了几句，老校长就打断说："停下来！这里不应该那样提问，应该这样问……"啊，漫长的40分钟终于结束了，老师们对我这堂课的评价是：教学语言平淡，没有起伏和高潮，不能激发学生的情感，拨不动学生

的心弦。课尽人散，只有我孤零零地站在空荡荡的教室里。我脑子里一片空白，脊梁上凉飕飕的，似有无数的小虫在蠕动，伸手一摸，内衣居然已经湿了。

这堂公开教学前的空试教对我的刺激太大了。我曾作为优秀的师范生留在附小，我曾作为300名师范生的代表在校内进行过公开教学，可是一走上工作岗位的这堂试教课叫我终生难忘。它逼着我静下心来认真反思：优秀的教师语言应该充满魅力，我行吗？优秀教师应有深厚的文化底蕴，我的底蕴厚吗？优秀教师应当有丰富的人文情怀，我具备吗？优秀教师应当具备扎实的教学基本功，我有吗？我离优秀教师的标准还相差十万八千里呢。是甘于平庸，还是追求卓越？生性好强的我毅然选择了后者。

从此，寂静的校园内出现了一位晨读者，那就是我。伴着冉冉升起的朝阳，闻着淡淡的月季花清香，我吟诵着唐诗宋词，美文佳篇。我字正腔圆地读，我激情澎湃地诵，我入情入境地吟。渐渐地，我的朗读有感染力了，我的演讲有号召力了。我参加了县市组织的演讲比赛，屡屡获胜而归，我的自信心渐渐地增强了。

从此，我办公室黑板上多出了一块练字栏。我临柳体的金戈铁骨，我仿欧体的圆润端庄。办公室的老师都成了我的书法老师，一下课，我就拽着写得一手好字的陈老师、王老师给我的字"评头论足"，从间架结构到字体神韵一一指点。渐渐地，我感到自己的字写得像样了，有神气了，有精神了。

从此，我的办公桌上、枕头边上出现了古今中外的文学名著、教育名著。伴着教学名著，我逐渐登上教育的山峦，我在山顶结识苏霍姆林斯基，拜访巴班斯基，和人民教育家陶行知对话，与语文教育大师叶圣陶交流。我体会到教育的最大技巧是"爱"，教育的最终目的是促进学生的最优化发展，"教是为了不需要教"，"千教万教教人求真，千学万学学做真人"。教育的最高境界是"捧着一颗心来，不带半根草去"。

中秋佳节，校园内人去园空，我独坐桌前，徜徉在教育的海洋里。

新春佳节，拜见长辈和亲友后，我闭门读书，沉浸在《红楼梦》的虚幻中。

我迷惘、我思索、我探寻，我在寻找语文教育的真谛，我在苦苦地追求教书育人的"秘诀"……

二、求学路上的碰壁——在挫折中彷徨

大约是 1982 年吧，我高中的同学陆续通过复读考上了大学，这对我的内心产生了冲击。在高中读书时，我的成绩在班上数一数二，在年级里也名列前茅。可现在原来成绩不如我的同学都考上了大学，我的内心不平衡了。我，一位小学教师，只有中师学历，当时因为家境贫穷，父亲要求我报考师范学校，尽早为家庭减轻经济压力，我作为听话的儿子顺从了父亲的安排。现在我想一边工作一边报考大学。老校长知道了我的想法，找我到校长室和我长谈了几个小时，以他自身的成长经历谆谆告诫我：作为一名小学教师仍可有所作为，仍能得到社会认可，体现自身价值。谈话结束前，老校长问我："你想通了没有？"年轻气盛的我直截了当地回答："没有，我还想上大学。"一听我的话，老校长气坏了，脸一沉，说："如果你还想考大学就把你调到农村去。"就这样，我们的谈话不欢而散。

说实话，当时小学男教师的社会地位是很低的，我刚参加工作，月工资是36.5 元，第二年正式定级为每月 42 元，去掉每月伙食费及零用钱，一年只能攒下 180 元左右，只够买一辆自行车。再加上我们是从农村考上师范的，在县城没有住房，将来找对象成家等一系列困难摆在我的面前。更可气的是，办公室内一些年长的女教师当着我们的面说："我家女儿是不会嫁给农村来的，没住房，又有一大帮农村亲戚，将来麻烦多呢。"冷静想一想，这些女教师的话并没有错，谁不希望自己的女儿过上好日子呢？如果嫁给我们这样的农村孩子，不知哪一年才能住上自己买的房子，过上好日子呢。

那一阵，我的情绪十分低落。继续考大学吧，校长不答应；就此罢休吧，自己不甘心！好在我喜欢看书，书籍排解了我的忧愁和苦闷。走进课堂，孩子

们的笑脸给了我精神上的慰藉。读书、教书成了我那时唯一的精神寄托。我在等待，等待有朝一日老校长改变主意，等待有朝一日教师地位发生质的变化，等待有朝一日我自己改变了主意，安心做一名小学教师……

三、奏响"小溪流的歌"——在赛课中成熟

1985 年的秋天，学校能容纳 500 多人的大礼堂内座无虚席，来自省内各大市的教学骨干正在听我执教的古诗《春望》。诗圣杜甫的《春望》一诗中体现了沉郁顿挫的诗风。诗人为"国破山河在，城春草木深"而见花落泪，闻鸟心惊。为了突出诗人的忧国忧民情怀，我补充了诗人"生平第一快诗"《闻官军收河南河北》，诗人为平复叛军而喜，为收复失地而狂，为结伴返乡而歌。两首诗一忧一喜，一首是忧极而惊，一首是喜极而狂，正反对照，突出诗人与祖国人民同呼吸、共命运的崇高人文情怀。我详教《春望》，略讲《闻官军收河南河北》，一悲一喜，一详一略形成鲜明的对比，给学生以强烈的情感震撼。诗歌打动了听课的教师，我的教学也同样感染了听众。课毕，礼堂内响起热烈的掌声。

《春望》是我第一堂赢得广泛声誉的公开课。课毕，我静坐反思，这堂课之所以成功，我认为归功于以下几点：

一是为了深入地把握教材，我参阅了十多本教学书籍。我研究了杜甫的诗歌风格，查阅了杜甫的生平事迹，查找了这首诗的时代背景，深入地阅读了分析这首诗的文章，把握了这首诗的深蕴内涵。为了吟好这首诗，我闭门练读了两天。

二是大处着眼、小处着手的教学设计。对比式教学是大处着眼，而何处讲解，何处设问，何处吟诵，何处留下空白，这是小处着手。战略上藐视，战术上重视，为教学的成功奠定了扎实的基础。

三是入情入境的渲染、描述、吟诵也是这堂课成功的保证。"情感是诗歌的生命"，没有情感就没有诗歌。同样，情感也是课堂教学的法宝，没有情感的教

学是平淡乏味的教学，没有情感的教学是游离文本的教学。"夫缀文者情动而辞发，夫观文者披文以入情。"在课堂上打动学生的是情，感染学生的是情，震撼学生的依然是情！我仿佛领悟了教学的"真谛"：要上好课，一要有扎实的功底，二要有精彩的设计，三要有真挚的情感。

1988 年年底，江苏省举办首届青年语文教师大赛，我作为镇江市代表参加了比赛，执教的课文是课外读物——著名童话作家严文井的童话《小溪流的歌》。我面对斯霞、李吉林、袁浩、顾美云等一大批全国著名的特级教师评委，沉着走上讲台，转身在黑板上写下一行清秀的大字：小溪流的歌。返身问："同学们，小溪流是什么呀？你们看到过吗？"根据同学们的回答，我用黄笔在黑板上画了几座山峰，然后用蓝笔画了一条清澈的小溪流。随着教学的推进，黑板上依次出现了枯树桩、小村庄和小河、海洋。学完课文，黑板上出现了一幅色彩鲜艳的小溪流从小到大的彩色图画及相关文字。我的课毫无争议地获得了一等奖。赛后，《江苏教育》在封面上这样评价我："孙双金老师在讲台前风度翩翩，光彩照人。他出众的才技、缜密的思维、和学生间特有的默契把教学活动引入了艺术的殿堂，听他的课是一种艺术享受。"

《小溪流的歌》产生的反响是权威刊物把我的课提升到艺术的高度。我追问自己：艺术是什么？艺术是音乐，艺术是画面，艺术是构思，艺术是语言，艺术是情感，艺术是魅力，艺术是享受。语文教学是一门综合艺术，语文教学也是一门永远遗憾的艺术。它是一种美的享受，它促成我对人生的不懈追求。从此我走上了研究语文教学艺术的道路。我研究语文课堂教学的艺术特征：形象性、情感性、独创性。我研究课堂教学的"空白艺术"，追求此时无声胜有声的艺术效果。我探索如何朗读后留空白、设问后留空白、板书中留空白、作业中留空白。我研究教学设计艺术：强调教学设计应有主线贯穿始终，讲究教学结构的张弛有度，训练密度的疏密有间，追求先声夺人的教学效果，营造言有尽而意无穷的教学意境。我研究教学高潮的艺术，讲究逐层递进、讲究层层剥笋、讲究众星拱月、讲究跌宕起伏。我研究教学细节的艺术，追求导入语、过渡语和结束语的优美动人与出人意料。

1989 年 11 月，中国教育学会小学语文研究会、小学语文研究会会刊联合举办全国首届中青年阅读教学观摩比赛。来自全国 29 个省市的代表和参赛选手2500 多人齐聚一堂。各省市选派一名选手代表本省市最高水平参赛，我十分荣幸地代表江苏参赛。15 位全国小语界权威、著名的教授、专家、特级教师组成评委团，有高惠莹会长、斯霞老师、袁瑢老师、李吉林老师、朱作仁教授……我执教的课文是袁鹰的散文《白杨》，真可谓是无巧不成书，黑龙江、吉林、四川的三位选手跟我选择了同一篇课文。有老师开玩笑地说："不怕不识货，就怕货比货。这次就看哪棵'白杨'最粗最壮了。"

我是最后一天参赛，凭借自己对教材深入的把握和对教材独特的处理，赢得礼堂内教师们雷鸣般的掌声。坐在我旁边的北京教师热情地向我祝贺："祝贺你，小伙子，转眼间你就成了全国有名的教学明星了。"我的课得到评委一致好评，荣获一等奖。

"转眼间你就成了全国有名的教学明星"是别人的赞誉，而在赞誉的背后倾注了我多少的心血和汗水。我在赛课中一路走来，从校第一到县第一，从县第一到市第一，从市第一到省第一，从省第一到全国一等奖。对我个人来说，各级比赛是十分重要的机遇，如果没有这个机遇，我恐怕难以这么快被大家认识、了解。但机遇总是垂青有准备的头脑。有人说，机遇就像一匹奔驰的骏马，只就作好充分准备并有实力的人才能够抓住缰绳，一跃而起，骑上这匹飞驰的骏马。否则，再多的机遇来到你的面前，你也不能够抓住它，拥有它。我觉得这话十分深刻，值得青年朋友们深思。

全国比赛回来后，各地邀请我去上课的邀请函纷至沓来，我外出讲学的足迹遍及大江南北。但是不久我发现我的教学存在问题：同一篇课文的教学设计、详细教案，我在此地上课上得很生动甚至很轰动，而到彼地则上得很沉闷甚至很吃力。这是怎么回事呢？一时间，我陷入了深深的苦恼中，迟迟找不到答案。有一阵，我谢绝了讲学邀请，重新静心反思、潜心学习，在课堂实践中探索，在理论书籍中思索。有同事和我开玩笑："孙老师，你已在全国获得一等奖了，难道你还要到联合国去拿奖吗？何苦和自己过不去呢？"是呀，在一般人看来，我仿佛已功成名就，可以歇一歇喘口气了。但是我一歇下来，几天不看书，几天不研究语文教学，心里就感到空得慌、闷得慌。看来我和语文教学已结下了不解之缘，这辈子恐怕也无法离开语文教学了。语文教学已融进了我的血液，和我的生命融为一体了。

经过一段时间的闭门沉寂，经过一段时间的痛苦思索，我发现原来我追求的是教师自己所谓的教学艺术，而忽略了对学生为学习主体的研究。学生心中有什么疑问我没有去问，而去琢磨如何设计高明的问题；如何激发学生学习的兴趣我没有去研究，而去琢磨如何产生"先声夺人"的效果；学生的学习方法我不去考虑，而去琢磨教师如何运用巧妙的教法让学生学得有趣……我走入了只研究教师、只研究教材，而忽视学生主体研究的歧途。反省之后，我的案头多了学生主体研究的书籍，备课我再也不闭门造车了，而更多的是走近学生，倾听童声。倾听儿童的问题，倾听儿童的见解，倾听儿童的心声。走进童心，让我的教学又走入了新的天地。

四、挑战自我——在竞争中超越

1999 年下半年开学第一周，我到五年级办公室和教师们聊天。一位教师对我说："孙校长，有些传统性教材比较难教，你能否上给我们看看呢？"我问："你认为哪篇课文比较难教？"她说："这一册的《落花生》，就比较难教，你就上这一课吧。"第二周的周三下午正好是业务学习时间，我把全校教师集中在阶梯教室，借班连上了两节课。我运用问题教学方式，在结束课文之前，让学生以"现代社会，你是想做落花生式的人，还是想做苹果式的人"为话题展开辩论。课上学生畅所欲言，各抒己见，学生情感的闸门不断被开启，学生智慧的火花不断被点燃。

《落花生》一课就像在热油锅里撒了一把盐——炸开了。有老师说："孙校长，您这堂课的风格和您以前的课风格不同了。"我反问："有什么不同呢？"他说："您以前的课最大的特点是严谨，而您今天的课最大的特点是洒脱。""洒脱是一种境界，那是教师从关注预设的教案，走向关注生成的课堂，是教师课堂教学炉火纯青的体现。"另一位教师议论道。开始提议我上《落花生》的老师问我："孙校长，您在备课上花了多少时间？"我说："我真正花在备这篇课文的时间不超过一小时。"回答着老师们的提问，我自然就联想起苏霍姆林斯基在《给教师的一百条建议》一书中举的案例：有一次苏霍姆林斯基去听一位历史老师的课。听课时他总有一个习惯，记下执教老师的教学环节，课后给予点评。可那堂课讲课老师一下子就把他吸引住了，直至下课他笔记本上没有记下一个字。那课太吸引人了。课后他问那位执教老师："你备这堂课花了多长时间？"老师回答："我花在备课上的直接时间是 15 分钟，但我一辈子都在备这堂课的。"那位历史老师的回答给我以极深的印象。多么富有哲理的话语，正因为他一辈子都在准备，所以他才能在短短的 15 分钟备出如此精彩的课。这是否应验了"功夫在课外"，"台上一分钟，台下十年功"的至理名言呢？

2004 年 4 月，江苏省教研室苏教版编委会决定在扬州举行一次"苏教版教材名师教学观摩大会"。各县市教研员、教学骨干和来自全国 25 个省实验区的教师代表及网友代表约 1500 多人汇聚扬州。组委会邀请于永正、支玉恒、贾志敏、靳永彦、徐善俊和我六位名师到会上展示课。我选上的课文是苏教版第十册著名作家冰心的散文《只拣儿童多处行》。为了准备这一课，我把自己浸入冰心的世界，阅读着冰心，我的心变得那么纯净，仿佛到了冰清玉洁的世界。冰心让我变得那么宁静、纯洁、高尚，我仿佛也成了爱的天使，融入了爱的怀抱。两堂课毕，礼堂内爆发出热烈的掌声。主持人高林生局长那洪亮的声音响彻礼堂："孙老师大家风范，大道无痕。如果说儿童是最美的春光，那新生的祖国就和儿童一样可爱！"走下讲课的舞台，坐入席位中，身旁镇江中山路小学的副校长对我说："孙老师，你的课太感人了，太美了！"

　　扬州，历来就是文人墨客向往的地方。"烟花三月下扬州"道出了多少读书人的心驰神往。2004年4月的扬州，江苏省小语会的一场盛会，五位前辈级名师与会，对我这位后生来说既是一次极好的学习机会，更是一次极大的挑战。我是喜欢挑战的人，往往压力越大，越能激发潜能。一堂课，能折射出一个人的人生智慧。人生智慧表现在对自我的认识、对他人的认识和对客观世界的认识上。备课时，我一直在思考，我的优势在哪里，我以前的课有哪些特色。我的一堂《落花生》曾因超文本的解读，把辩论引入课堂，在国内外引起极大争议，至今余波未平；我的一堂《天游峰的扫路人》曾因运用自主、合作、探究的教学方式，在教学中把教师藏起来而引得周一贯先生赞叹："孙老师这堂课淋漓尽致地阐释了新课标的理念。"这次面对世纪老人冰心的名篇，我将在哪方面有所突破呢？我陷入了沉思……五位享誉全国的大师级名师，他们的课炉火纯青，进入了"自由王国"的境界，我作为一名后辈学生，如何继承和超越他们？我陷入了沉思……全国第八次课改从2001年起步，到2004年已实验了三年，如何在语文课堂上践行新课改的理念，使之放射出夺目的理性之光？我陷入了沉思……冰心是一位世纪老人，她是爱的化身，善的化身，美的化身，如何让学生在学习《只拣儿童多处行》的课文中感悟冰心那"有了爱就有了一切"的高尚情怀？我陷入了沉思……

　　人生智慧、教育智慧就是在诸多矛盾中找到一条解决矛盾的最佳路径。执教冰心的《只拣儿童多处行》，我寻找到了一条让学生从作品走向作家，从文字走向心灵，从课内走向课外的最佳路径，那就是紧紧扣住冰心那"有了爱就有了一切"的名言，用"爱"贯穿始终：爱儿童，爱春天，爱星星，爱大海，爱母亲，爱祖国。就像网友张宏军、姜海宽在网上评论的那样："烟花三月，在古城扬州举行的苏教版小学语文实验教材第四期培训会上，我们有幸零距离聆听了孙双金老师执教的《只拣儿童多处行》，如临春风，如沐春雨，如饮甘露。课文字里行间流露出的爱和教师从心里流淌出的爱有机地融合在课堂教学中，深深地感染了所有学生和一千多名听课老师。没有爱就没有教育，孙老师正因为拥有深入骨髓的对学生的爱，所以能把语文教学演绎得如此出神入化，炉火纯青，充满无穷的魅力。"

"艺术的最高境界是无技巧"，教师要想在课堂上挥洒自如，"潇洒走一回"，那么，就应该做有思想、有文化、有情感、有艺术的教师。

教师是学生人生道路上的思想导师。教师应用自己思想的火种去点燃学生思想的火把。一位有思想的教育者要引导学生去思考科学、思考人生、思考社会、思考未来。教师只有认真阅读了古今中外教育家的思想，融通百家，身体力行，才能逐步形成自己的教育思想。

教育的一个很主要的功能是向下一代传承人类几千年光辉灿烂的文化。教师理应成为文化人，要有深厚的文化底蕴。书籍应成为教师终身的伴侣。要有一天不读书，就像一天不吃饭那样难受。教师既是一位博览群书的"杂家"，又是一位熟读本专业书籍的"专家"。有文化才有底蕴，有底蕴才有底气，有底气在课堂上才有灵气。

教育的全部技巧就在一个字——爱。对教育事业的爱，对教育对象的爱。只有当教师具有博大深厚的爱心，教师在课堂上才能真正尊重学生：尊重学生的人格，尊重学生的见解，尊重学生的差异；才能真心宽容学生：宽容学生的偏激，宽容学生的缺点，宽容学生的错误；才能真正欣赏学生：欣赏学生的优点，欣赏学生的缺点，欣赏学生的个性。

教学是一门科学，教学也是一门艺术。艺术是相通的，我们的教学艺术就应向一切的艺术学习。学习音乐艺术的灵动，学习诗歌艺术的灵秀，学习电影艺术的综合……把教学当作艺术，就不会把教学当作技术，仅仅在如何导入新课、如何过渡衔接、如何结束课文、如何运用电教媒体上捣鼓。

有思想、有文化、有情感、有艺术的教师是大师，大师的课堂就会充满灵动、充满情趣、充满智慧、充满诗意。

在听专家报告时，突然萌生了我的好课观：书声琅琅、议论纷纷、高潮迭起、写写练练。

在随课堂听课时，陡然闪现充满生命活力的好课标准：一堂好课应上得学生"小脸通红，小眼发光，小手直举，小嘴常开"。

在听别人执教《鸟的天堂》的过程中，脑中忽然闪过一念：如果说大榕树是鸟的天堂的话，那课堂应该成为师生精神的天堂！学生在课堂上应该是自由的、充实的、快乐的、幸福的。

五、从县城走向省城——在引领中飞翔

2003 年 8 月 29 日，丹阳市教育局局长、书记和人事科长一行三人专程把我从丹阳送到南京市玄武区教育局报到。这一天，我正式调往南京市北京东路小学任校长。北京东路小学是全国名校，时任教育部部长的陈至立同志视察北小后曾称赞："北京东路小学是我看到的全国最好的小学之一。"北小原校长袁浩先生是全国著名特级教师、江苏省首届名校长。袁校长到了退休年龄，区教育局在省内物色北小新的掌门人，有幸到这样的名校掌舵我感到十分荣幸。走进北小校园，只见绿树成荫，庭院深深。行政大楼的楼道转弯处一块大幅铜牌上柳斌主任的题词——"含爱生情怀，有教师智慧"跃入我的眼帘，我的心头一颤，这一"情"一"智"两字仿佛拨动了我内心的琴弦……

苏霍姆斯基说过，校长最重要的是教育思想的领导，其次才是行政领导。作为名校校长，我拿什么思想去引领北小？这是我心中考虑最多的问题。

经过一个学期的了解与熟悉，我找每一位行政领导促膝谈心，我走进每一位教学骨干的课堂深入听课研讨，我和学生座谈，我找家长沟通，我追寻北小发展的轨迹，我研究前任校长的办学思想，"情智教育"的办学思想在我心中越来越清晰，在北小高举"情智教育"旗帜的决心越来越坚定了。

"情智教育"指教育者运用自己的情感和智慧作用于被教育者，让受教育者的情感和智慧和谐共生。我们的"情智教育"思路是从情智管理、情智课堂、情智校园、情智活动着手，培养情智教师和情智学生。

"情智管理"原则是"三重"：重发现，校长要有一双发现的慧眼，要多发现教师身上的优点和长处；重关怀，关怀出真情，关怀出效率，关怀出凝聚力；重激励，在激励中鼓舞教师，在激励中鞭策教师，在激励中培养教师。情智管理策略是：以情换情，用校长的真情换教师对学生的真情，用校长的人格感染教师的人格，用校长的善良、正直、诚信、奉献赢得教师对教育事业爱的感情；以智启智，用价值导向启迪教师，用文化力量感化教师，用头脑风暴点燃教师，用外在智力催化教师；情智交融，培养教师的乐业情怀，培养教师的反思意识，培养教师的读书精神，营造教学研究氛围。

"情智课堂"追求的目标是：课堂上学生"小脸通红，小眼发光，小手直举，小嘴常开"。"小脸通红"说明学生兴奋。"小眼发光"说明学生思维的大门开启了，智慧的火花被点燃了。"小手直举，小嘴常开"说明学生全身心地参与到学习中去了，充分地表达他们所感，所思，所疑，所见，所闻。"情智课堂"追求的是"登山式课堂"，课堂中让学生经历思维情感攀登的过程，经历由"山脚—山腰—山顶"的攀登体验过程，让学生登思维的高山、情感的高山、文化的高山。

情智教育，让我找到了一条发展自己、发展学校、发展师生的金光大道。2004 年 12 月，南京市小学青年骨干校长在我校举行"校长办学思想"论坛，我在会上介绍的情智教育引起强烈反响。2005 年，我代表南京市名校长赴杭州参加"西博会"名师名校长论坛，受到全国 600 多位校长赞誉。2005 年 11 月，我个人荣获中央教科所"全国首届十大明星校长"称号，学校荣获南京市人民政府素质教育创新奖。2006 年第 2 期《江苏教育》长篇报道我校"情智教育"经验。2006 年教育部主管的《人民教育》长篇报道我校"情智教育"的探索和成果。2012 年"情智教学"获江苏省人民政府教学成果特等奖。"情智教育"这朵教育园地的奇葩将会绽放出更加夺目的花朵。

"路曼曼其修远兮，吾将上下而求索。"我将在寻梦的道路上走下去，坚定地走下去……

王栋生

江苏省特级教师，南京市名教师，同时也是著名杂文作家，笔名吴非。主编《高中文言读本》《初中文言读本》《古诗文诵读》《现代诗文诵读》等20多种教学用书，为《新语文读本》编委，发表教育教学论文20篇。1988年起在教学之余从事杂文写作，发表杂文、评论、随笔1500多篇，出版杂文体专著《中国人的人生观》《中国人的用人术》，杂文集《污浊也爱唱纯洁》，随笔集《不跪着教书》《前方是什么》《致青年教师》等。

我一直在学，在想

退休前最后一节课，我没告诉学生，因为不愿有什么"仪式"。正常地上课，课上一切如常，下课，离开教室，回家了。依然是一节平常的课，和我以前所有的课一样。我教龄只有31年，算下来，大概也只上过一万多节课吧。

承蒙有人背后打听，这些年有无什么"建树"，我一笑了之。我摸索多年，发现一名语文教师所要做的，不过是遵照常识。在漫长的教育教学实践中，教师能有一点自己的探索和感悟，应当满足了；如果把教育常识当作个人发明，视为"特色"甚或"专利"，未免贻笑后世。我没有发明创造，我至多是在别人不敢或不肯按常识教学时，固执地体现了一下个人意志而已。我做的事，前人肯定早就做过，不但做得比我好，甚至不用付什么代价。我从没感到孤独寂寞，在很多年里，我读想读的书，思考感兴趣的问题，当我想通一个问题时，我并不在意其他人是否能明白，也不在意是否作出了"贡献"，而只是感到轻松愉快，因为我有精力去想下一个问题了。

无论把教育当作"科学"，还是当作"事业"，都不能违反常识，不能丢弃教育的情怀与境界；如果把语文教学渲染得过于复杂，也有可能让原本普通的教学发生变异，衍生出无数难以招架的麻烦事。

45分钟的课与未来有关系

　　设身处地，站在讲台上，教师不能不想着自己的这节课，也不能不去想学生的未来。曾听一些老师问"这节课效果如何？""这节课和考试有什么关系呢？"——在问话人看来，每节课的教学都要立竿见影，每节课都"必须从学生的利益出发"。教育观念的差异，具体到一节课上，便让人感到很难沟通了。

　　我常想的，是自己在教学中做错了些什么，为什么会做错。我在犯错误时不可能知道是在犯错误，而如果几十年过去，后果显现出来，我的教学非但没意义，反而会有害于人。看当今的中老年人，凡遭受非议的言行，无不有早年受教育的影子。而其语文习惯，如言不及义，言语不当，出言不逊，语言暴力，阿谀奉承，假大空，等等，和早年所受的语文教育未必没有关联。

　　语文教育是"人的教育"。教育改变人生，有可能把人变好，也有可能扭曲人。"文革"结束，我上大学，后来到中学任教，看到了社会的变化，也看到人们对教育的期待。但是，从开始教学的那天起，就遇上绕不过去的矛盾，你只能直面困难。80年代初期语文教科书的内容，现在的人无法接受，然而在当年，我们却不得不在自己无法接受的状态下去教学。我们试图提出一些改变的设想，却无处发言，没有一家刊物敢刊登批评意见；不仅社会，同行也认为"你胆子太大"——大家都跪得好好的，你为什么偏要立在那里？

　　那些政治说教能不能当作语文去教？或者该不该进入基础教学领域？教师在课堂上展现的所谓"智慧"，今后该作如何解释？我对同事说，我最怕的，是学生在未来某个时候质问：你们当时明明知道那些是没有价值的，甚至是反人道的内容，为什么还要拿来教我们，让我们用宝贵的生命去学习错误的东西？

　　我在从教之初有过一个大循环，观察了一批学生从十二三岁到十七八岁的成长过程，伴随他们的成长，我的一些教学思考也逐渐变得清晰。我发现中国教育最需要的是人道精神，要通过教育唤醒人，发展人。在这个过程中，最重要的，是教师的觉醒，教师有自省意识，教师首先成为一个活生生的人，才有可能去唤醒别人，"教学"才有可能发生。

"唤醒"，需要勇气，可能也要教师付出点代价。1986年，有次外省教师来校观摩，那时学校都是随堂听课，即有什么听什么，不事先通知。刚好我教到马识途的《我们打了一个大胜仗——四川抗洪救灾记事》，放在现在，没有谁会想到把它当作语文学习材料，可是当年，就得用这样的教材去教语文！新闻特写与评论要真实，要体现正确的价值观，没有了真实，价值观错误，也就没有了教学价值。当时有个很不文明的新闻俗例，即从不如实报道灾害损失，特别是不刊登人员伤亡情况。我刚开讲，就请学生"找一找这篇课文中的一个大毛病"——这在当时是大逆不道的，听课教师神色惊恐：教材怎么可能有毛病呢？这可是马识途同志的作品啊。20分钟后，研读完毕，有学生发言：这篇报道中，有工厂、农田、水利设施、房屋等具体的损失数字，而这么大的洪水，居然没有人的伤亡数字，请问老师，有没有淹死人？我说："据非正式消息：1980年四川洪水死亡人数在8000左右。"学生和听课老师纷纷交头接耳。也许有老师认为，教科书上没写，你这样说是否严肃？可是我想的不一样：你只能这样写，你只能这样编，但我不能这样教，我直接面对学生，我得想到学生的未来，我的教学不能犯错误。在我们的语文中，应当教育学生珍视人的生命。所有的生命都是宝贵的，课堂不能给学生灌输漠视生命的意识。课后，有位听课教师表示了担忧。我告诉他：我教的是语文，新闻作品的生命力在于真实，在于传达正确观点；我教学生"学会看报纸"，教他们"透过现象看本质"，教他们"全面客观地思考问题"，在教学生树立"人"的意识……总之，这是"语文"。直到1994年，中国的新闻报道第一次把人员伤亡数字放在经济损失数字前面，社会进步了。语文教学当然应该走在社会的前面。过了十多年，在成都，朋友开玩笑说去看看马老，他就住在楼上，和他说说我那节课，我说不打扰老人了，后来想到应当去的，因为我的课没上错。

对"语文"的学科性质，业内争论了很久，"课程标准"写成"工具性与人文性的统一"，仍然众说纷纭。我觉得不必再争论了，观察历史和现实，也许各方会有新的思考。但我反对把语文当作纯粹的工具。20多年前，"亚洲大专辩论赛"在电视上热播，大学中学群起而效之，风靡一时。"正方反方"，抽签决定，没有"立场"与"见解"，而只是展示辩才和反应能力，炫耀击败对手的策略和思路，如何转移视线，如何避实就虚，如何偷换概念，如何干扰对手……虽比"文革大辩论"文明，不至于辩到一半大打出手，但各种口舌之技，都超不过战国策士。我想，语文教师教学生学这些，以后谋生，成笔杆子，当讼师，做幕僚，会把奏折上的"臣屡战屡败"改为"臣屡败屡战"，龙胜帮龙，虎胜帮虎，脸不变色地写各种劝进表，这样的"语文能力"，难道不令语文教师羞耻吗？

　　学校征集校友回忆录，有校友撰文回忆上世纪90年代我在高中辩论大赛中"吹黑哨"的旧事。文集出版，有老师拿了书疑惑地问："你当年真的'吹黑哨'？"我看了那篇文章，虽然记不清细节，但依稀记起有这回事。我没教过那位同学的课，但他却记住了我。那场辩论赛，高一和高二对抗，题目是"市容队没收小贩货物是否合理？"上世纪90年代，南京要建"国际化大都市"，组建的"市容队"经常打骂驱赶小贩，没收他们的货物，小贩无法谋生；而政府掌控舆论，强势推行。语文组觉得这个问题可以辩一辩。高一队抽到正方，高二队抽到反方，很滑稽，学校要我同时辅导两个队。我教高一，可是我希望高一输掉，——如果他们赢了，有可能导致学生思维混乱，丧失起码的同情心。高二队来办公室接受辅导时，我教他们如何质疑，如何欲擒故纵，如何攻其不备，击打要害，如何占据制高点，最后坦然地对高二队说，希望他们赢得胜利。那位学生写道，对我的做法，当时他们很意外，这不是"吹黑哨"吗？辩论开赛，他们信心百倍，"气势如虹，赢得全场喝彩"。大学毕业，他作为内参记者，多次涉险犯难、身陷逆境，为捍卫公平公正而义无反顾。我当年那样"辅导"，对高一代表队也许很不公平，但我的确不愿让学生从此有"市容队没收小贩货物合理"的认识。"吹黑哨"也罢，"拉偏架"也罢，我至少得让学生明白，要有悲悯之心，"市容队"（或"城管"）殴打小贩，断他们的生计，是野蛮行为。这种情感左右我，我不愿让学生在语文学习过程中丧失起码的人性，无论在课堂还是在赛场上，我都会作那样的选择。语文课程标准中的"情感态度与价值观"，指的就是这些。只有利益表达，没有真实情感和态度，没有人格立场，把"语文"当作纯粹的工具，那样的"语文能力"，就未必如文盲了。"语文能力"要不要有人文内涵，这个问题固然可以继续讨论，但我不想做"匠"，我的课堂也不是匠的练习所，我不能把自己不能接受的东西强行灌输给学生。我要教他们正常说话，坦诚地表达自己的观点，尽可能让他们在未来能是个正常的人。

　　同样，我也常想到，学生在"打底子"的阶段，让他们养成好的语文习惯，这也是为了未来的语文。我会设计一道新题，借以传达一种新观念，让一个作文题留在学生的记忆中。我会教学生"反复修改"，领略写作的愉快；我会启发他们学习得体的表达，领悟语言的智慧。我觉得，语文教师自身就是"语文"。教师的语言表达是示范，学生表达不得体，往往有教师的原因。有教师在课上说："没想到一个农民工字写得这样好！"他的学生恭恭敬敬地听着，我想，他这么说，学生就有可能写出"我的字还不如农民工写得好"这种不得体的话。有节课讲到"会说话"，问学生："想知道一位女士的年龄，有多少种方法？"学生很感兴趣，所说的各种方法，有教养有智慧，这不正是有用的"语言运用"吗？有次课堂交流，问学生："有人问，从学校大门口到雨花台该怎么走？"回答当然不外乎那几种乘车方法。然而，终于有学生反问："我想知道是谁在向我问路。"两位反问"谁在问路"的学生，他们懂得"说明"时，要根据对象的情况来选择说明方式和步骤。这也是有用的语文。我常常感慨应试教学的无趣无用，学生花了那么多时间学语文，成人后仍然不能正确地运用母语，真可惜。如果每节语文课都有"打底子"的意识，可能会少去很多浮躁。很多学生，高中毕业后就没再上过语文课，和他们交流，发现他们能对所关心的问题发表见解，语言表达准确得体。从小学到高中，有多少老师教过他们，我不清楚，但我想到，如果每个老师都在不同的阶段正确地"教"，就能多给学生留下一些有用的东西。

阅读是语文教师的生命方式

　　我们那代人的青春岁月消耗在"文革"动乱中了，但我感到个人阅读的严重不足，不全归咎于时代，也在于自己的悟性不够，浪费了一些本可以用于阅读的时间；这不是自我苛求，而是感到思想贫困，导致教学探索困难变多。

　　一生要读多少书才能有良好的生命质量！语文教育被应试教学绑架后，学生的阅读积累和阅读习惯方面的损失，还要过一些年才能真正显现出来，而社会像是只有今天，不思未来。一些学校根本没有课外阅读，语文教学从高一起直接做高考题，甚至按高考思路把课文改造为"现代文阅读"和"古文阅读"，学生没有课外阅读的基础，对文本的理解很肤浅。而为了对付各种"考核"，教师疲于奔命，个人读书量也在下降，甚至不读，不思。1990年之后，我也不得不面对阅读教学难题，因为我发现，高一新生和以往有些不同了，他们阅读文学作品的数量明显低于此前的学生。义务教育阶段也刮起应试风，小升初和中考，让一些教师的教学变得功利，而由于家长的短视，首先牺牲的是学生的课外阅读。

　　按课时规定，初中语文600节左右，高中语文近500节，除去作文教学时间，约有三分之二课时用于阅读教学。然而，为什么要阅读，阅读什么，怎样阅读，这些基本问题，直到高中，教师仍不得不对学生反复申说强调。这是我教学中最苦恼的事。新生入学，我都要了解他们的阅读状态。学生中可能只有三分之一能达到义务教育阶段的语文要求，而我所在学校的"生源"算是比较好的。学生阅读能力低，是功利化教学的后果，即所读的一定要能考到，如果不考，也就不读，有些学生（甚至语文教师）认为不能用宝贵的时间去看"不考的东西"。功利的教学观不容忍积累性阅读。在应试教育盛行的状态下，每个阶段的教学都有可能走形。比如，应当允许并鼓励学生个性化阅读，为发展学生的思维品质，允许他们自由地解读，能"自圆其说"，而中考高考的评价方式和正常的阅读教学是"对着干"的，不承认或不重视个人的阅读价值。同样的文本，读者的阅读反应有可能不同，形成的经验也可能不同。对一些阅读材料，尽可以众说纷纭，见仁见智，不需要也不可能有统一的见解；然而一旦进入教学层面，往往就争来争去，为辩而辩。各种说法十几年几十年"无定论"，教师逐一介绍，学生连参与讨论的资格也不具备。而进入测试评价，就更不让学生有个人观点。功利的教学消解了学生对阅读的敬重，无法把阅读作为生命成长的基石，忽略了学生思维能力的培养。

课堂教学没能让学生在阅读中逐步形成经验，是当下教学的主要困难。阅读量过低，达不到传统语文教学以及课程标准所规定的下限，积累严重不足，低量阅读很难形成阅读经验。没有一定的阅读积累，让学生在课堂上"品味""探讨""鉴赏"，他哪来的"本钱"？看到一些公开课上，学生接触文本，往往只有 10 分钟，教师已经带领学生"自主合作探究"了，令人惊讶莫名。教师受过专业教育，有一定的教学体验和阅读的"底子"，对文本的解读尚且不够深入，没有经验的学生又怎么能"品味""感悟"？这些现象常令我困惑。

过高的要求，也有可能导致阅读教学走形。现今阅读教学中，教师之所以常作过度阐释，除了为对付无孔不入的高考，往往也是看了太多的"名家解读"，莫衷一是，最终丧失自我。有些教师一节课上引用三四种不同的理论解说文本，或同时介绍三五位专家的不同解读，其目的是显示博学，显示认真，还是为了开拓学生的思维，姑且不论；他的学生还没能熟悉文本，一大堆不同见解已经推到他们面前，令其目不暇接，学生往往会知难而退，甚至对阅读产生误解。在课堂上学生不敢发表见解，成为观望者，原因往往也在这里。

一般而言，学生在阅读中对文本内容会有反应，这种反应来自阅读积累形成的经验，积累多，他的基本认识就相对可靠。比如，阅读小说，一些学生往往能对情节的发展有推测，对人物的最终命运有预见……在阅读中凭借课堂习得的方法，凭借积累记忆，凭借文本阅读和生活经验，推导"作者可能想说什么"，知道"他可能会怎样说"，并渐渐能发现"怎样表达会更好"。教学中可以发现一些学生有这样的阅读经验，也会发现这种经验通过持续的阅读获得发展。

当然，阅读积累不足的学生，这方面的能力明显较低。语文能力的形成，不可能离开阅读。在基础教育的"听说读写"中，"读"是最重要的。

我在阅读教学中往往感到沮丧：用了大量时间所作的准备，影响依然有限；学生快要结束中学学习了，仍然没有形成好的阅读习惯。这是我从教多年最遗憾的事。上个世纪80年代，因为个人的经验不足，因为教材的局限，也因为社会条件的限制，我的阅读教学水平并不高，但是学生爱读书，家长鼓励学生阅读文学作品，现在，情况反过来了。我至今仍然怀念那些年的教学，学生自觉地读了那么多作品，他们以读书为快乐，他们的父母用微薄的收入去买书，不但鼓励孩子读书，自己也抓住一切机会和语文老师交流，我不但是他们孩子的语文老师，有时甚至也是他们的老师。

语文教育必须培养对阅读的敬重。教师首先是阅读者，然后才是教师，阅读应当是语文教师的生命方式。回顾自己的教学，我从没有"利诱"学生读书，我觉得"让学生跟着真正的读书人学习"是最好的教育状态。我在退休前向同行提出"静养式阅读"，也表达了同样的意思。我的一些学生毕业多年，无论从事什么样的工作，仍然保持着阅读的习惯，这是我略感欣慰的。

语文教学要注重思维品质培养

语文教育总提"听说读写"，其实最重要的，是"想"。如果不重视"想"，"听说读写"必定处在比较低的水平。阅读和写作都可以通过思维获取想象的趣味，评价一个人的阅读能力和表达智慧，实际是在评价他的思维能力。

语文教育要培养学生独立思考的能力，没有自由的思想就不会有创造精神。在很多公共环境中，至今仍会听到"统一思想"的提法，这对教育，特别是基础教育，有害无益。中国传统教育，全面要求学生"听话"，限制自由思想，不可避免地扼杀了儿童的想象力和好奇心。我感到困惑的，还有所谓的"儿童读经"。儿童有阅读兴趣，多读些古诗文，有必要；但不宜强制"读经"，试图通过强制性阅读引导他们"相信"，而忽略培养儿童对阅读的"热爱"，可能适得其反。"国学热"背景下出现的"儿童读经"，值得反思。这类灌输式阅读会不会令儿童对阅读产生误解，会不会"预支"（或"透支"）儿童的阅读兴趣？教育的一个重要目的，是教会学生思考，而"读经"的目的是要让儿童"相信"。为什么很多儿童在小学毕业时就不愿阅读？可能正因为缺少自由阅读并发表见解的机会，逐渐丧失了对阅读的敬重。少年儿童对事物的接受程度，往往取决于情感的启蒙，有趣味、朴实真诚、富有启迪的阅读材料，他们不会拒绝；如果发现所阅读的内容是虚假的、无趣的、缺乏真情的，甚至是带有欺骗性的，再加上强制灌输，他们的阅读兴趣很可能就此弱化，而且很可能从此轻视甚至鄙视阅读。当年我们学了多少错误的"知识"，而"相信"和"服从"又让我们把那些错误的知识转手灌输给更多的学生！语文教育不能不正视这些问题。

爱因斯坦说过"只有个人才能思考"，反映在阅读上，也许只有个体生命的体验才能产生阅读价值。这种体验是独一无二的，是学生通过品读、思考而感悟出的，这种个人体验及认识也许幼稚、不成熟，也许不符合"教学目标要求"，在专家那里简直不值一提，甚至是完全错误的，——没关系，因为那是他通过阅读和思考获得的，他正在积累，还有很多书等着他去读，课堂是可以出错的地方，为什么不让他多一些体验？谁没有"自以为是"的经历？必须鼓励并尊重学生的思考。我在教学中也常发现学生"买椟还珠"，这样的阅读有没有意义，要不要尊重他们的阅读体验，要不要承认他们的思考价值？如果不抱功利的教学观，我们当然应该对他们的思考予以肯定。当然，教师不能凭一句"个性化解读"就消解正确把握作品的必要与可能，但在学习阶段，"统一思想，统一认识"可能比"各申其说，莫衷一是"更为有害。

作文教学被当成难题，也和这种"统一思想"及"禁区"意识有关。一些老师往往因为在学生作文随笔或周记中发现了"思想倾向""思想苗头"，于是本能地"关心"起来，自觉地扮演"思想警察"，以其昏昏使人昭昭，从不去想会给学生的个性发展造成什么样的危害。在写作教学中，教师鼓励学生关注身边的人和事，勇于发表个人见解，而学生只不过用几百字批评了一下校政，教师便惶恐不安，唯恐出乱子。学校是学生的家园，他在这个家园里应当有自由表达的激情，他有责任直接倾诉个人想法；如果他在"家园"里也不敢自由言说，他又怎么能心怀天下？在铁桶中被喂养的生灵，怎么可能有"飞翔"的意识？从小生活在各种思想禁忌中，怎么可能"少年心思当拿云"？在禁锢重重的语文课堂上，学生不可能有青春激情与独特见解。

有学生在交来的作文中夹了张纸条，写道：本来不想这样写，我的观点可能你不认可，我不知道该怎么办。我在他的作文上批了几句话，大意是：你不能畅所欲言，看来是我的教学存在问题；分数并不重要，你的不愉快使我遗憾。后来他在随笔中对教育现状、对社会问题发表了许多个人见解，他的分析理性客观，思考的深度超过了很多教师。我总在关注这类学生，鼓励他们自由地发表个人见解。如果周围的人都不认为他的思考有价值，他的思考与表达欲会减退、弱化，最终泯然众人，融入无意识的群体。青年能"想大问题，做小事情"，是社会进步的希望。我在教学中强调独立思考，如果我的学生不敢自由思想，那很可能是我的教学失责。学生的思想活动发生在学校，产生在课堂，他的生活态度和世界观的形成，教师的教学会起重要作用。如果10多岁的中学生，作文说假话套话空话，教师不以为怪；他难得发表一些真实自由的想法，教师却如临大敌，感到麻烦，这样的语文教育，只能培养识字的奴才。

如果学了12年语文，只会唯唯诺诺，能有什么"个性"？换个角度，作为教师，如果我不能运用理智，开拓学生的思维，我的教学又能有什么意义和乐趣？当一个人接受了12年的基础教育进入高校或是走上社会时，他的人生观已经充填了一些基本内容，他的思维已形成了一些基本特征，也就是说，12年的基础教育已经给他打下了一定的"精神底子"，他的语文习惯已基本形成，我们不能忽视这一阶段的教学价值。

教师要比学生会学习

对教师职业的理解，不少人仍停留在"传道受业解惑"上，把自己当作课堂上"提出问题并解决问题的人"。我在教学之初，也有过这种误识。学生说我的课让他们"一切问题迎刃而解"，"有如醍醐灌顶"，"总能令人豁然开朗"，我私下曾感欣慰，觉得自己认真准备的课没有白上。然而我很快就发现，很多学生并没能举一反三，离开老师，离开课堂，他们往往茫然，不知道该去学什么。学生上了课，竟然不知道要去寻找问题，而要依赖教师的点拨和启发，"重教轻学"，就是"不会学习"。

没有思考的意识，就发现不了问题；而感觉不到存在问题，也就不可能提高思维品质。语文教育要引导学生思考，尽可能自主发现问题。《五人墓碑记》故事发生的背景，明朝末年社会政治和经济的大致情况，党争与人心向背，江南地区民情，作者张溥事略，等等，只有学生产生兴趣，阅读这篇经典才有意义。他有可能联想所学过的孟子的"民本"，想到"人皆可以为尧舜"，想到"位卑未敢忘忧国"；同时联想到"风声雨声读书声声声入耳，家事国事天下事事关心"，想到真正的读书人和底层民众应有的血肉联系；同时，由于读通了《五人墓碑记》，便有可能用同样的办法去阅读史传。多数教科书保留《指南录后序》，以前"统编本"要求背诵第四段，好像没什么道理，背了有什么用？无非是了解作者的艰难与忠诚。多年前有次让学生集体背诵，背到"死"字，有人吐字用劲，带动全班来劲，19个"死"，每个字都背得惊心动魄，背完，全班哄笑，经典作品的魅力竟这样被笑声消解。怪学生吗？我问学生，知不知道文天祥以前的生活状态？你们如果能知道，就会想到，比起百姓遭受的苦难，文天祥的一路逃亡真不算什么，而且他把尚未发生的情况也算在内，他写的那些危险，不但在关羽张飞赵云那里不值一提，便是在命如草芥的乱世小民，也几乎是寻常事。为什么他要那样渲染？教材和教参上都没提及。须知这是个货真价实的状元，先前养尊处优的文人，这一路逃亡的苦痛实在很难为他了；纵然他有必死之志，但何曾吃过这些苦头？知道他先前过得有多悠闲舒服，才可能深刻体会他那《过零丁洋》是何等的壮烈了。以此类推，读古代经典作品，要看到文章背后作者的身世与社会——我上课不断提醒学生注意这一点，希望他们学会，能见人所未见。

即使教师是不会疲倦的智能永动机，也远不如让学生"会学"，教学是为了让他获得发展，成为独立的人，学生是在接受教育而不是享受服务。无论如何，教师不要把学生当作可以雕琢的玉石或木头，他是有灵性的人，引导学生自由地发展，教学才有价值。学生善于思考，能发现问题，才谈得上"会学"，而"没有问题"才是最大的问题。现今学生缺乏"问题"意识，缺乏独立思考精神，每思及此，都有一种莫以名状的恐惧：经过低水平的应试教学，从"不会学习"到大批地成为庸众，这种教育令一个社会没有前途。在应试教学的重压下，一个教学班50多名学生，难得有关注问题的、能独立思想的学生，课堂变得沉闷，也让我感到教学少了很多乐趣。

我梦想的教学要达到这样的境界：下课了，学生并不轻松，他们仍在思索，甚至困惑，然后他们悟出一些方法，去观察去阅读去思考，获得智慧。我习惯在下课之前留下一些问题：《祝福》中的那个"我"为什么会是那个样？如果柳妈和祥林嫂的位置交换，祥林嫂会不会诡异地对柳妈说"锯成两半"？鲁迅为什么把一句"大家仍然叫她祥林嫂"单独列段？李白和苏轼的性格与命运，有没有被后人忽视之处？很多历史名篇的作者，为什么写作时境况相似？为什么古代的送别诗比现代人写得好？……我教《劝学》，解说"木直中绳，輮以为轮，其曲中规。虽有槁暴，不复挺者，輮使之然也"，说完了，停一下，感叹一句"这太可怕了！"——我是教师，想到人性也正是这样被扭曲的，当然感到可怕。过一段时间，学生在随笔中开始谈这个"可怕"。我只说一句，余下的让他们去想。

语文课要"启思导疑"，让学生能终日而思，寻寻觅觅，发现并提出问题，这比教师的讲述要有价值。聪明的教师在课上关注启发学生自主思维，培养他的批判思维和质疑精神，引导他关注事物以发现问题，而不仅仅是"解惑答疑"。如果学生在教师的启发下，发现了更多的问题，产生了更多的疑问，这些疑问让他着迷，让他预感到虽然困难重重，但前方有无穷的趣味，感到下课后并不轻松，不得不用一些时间自行探究，找寻可能的答案，筛选信息，推理猜测，作出大致判断，并渴望去和同学交流细节，最后豁然开朗，这是有用的教学，这种课才是好课。影迷常有这样的经验：一部电影扣人心弦，看了一遍有些摸不着门道，看了两三遍，并需要和他人讨论，才能弄清故事的来龙去脉，才发现每个细节都无比精致，富有意味，这种电影，才有可能称作"经典"。我对青年同事说"优秀的老师下课后让你满腹狐疑"，就是这个意思。

在关注学生"学会学习"的同时，教师也要改造自己的教学。我说，我把自己教成了一个学生，我的教学之所以比当年有把握，是因为我自己追求"会学"。教师要有改造自己的勇气。我也许是个不太安分的人，因为我总觉得自己的课不该那样简单地重复，总得有些进步，教师至少要比学生"会学"，方能为师。同样的教学文本，深者得其深，浅者得其浅，教师教上十多遍，总不能一直在一个平面上滑行。我在几十年里努力地想把课上得好一些，让学生学的语文有点用，因此不断地尝试新的教学思路。我在教学中发现了许多有趣的问题，探究与思考总是令自己快乐。有段时间，我决定放弃"当堂作文，下课交卷"，而把作文安排到课后。有老师质疑，认为这样对学生没好处，担心他们以后在考场上无法在 50 分钟内写出"不少于 800 字"的文章。这样的考虑，忽视了学生的学习心理和写作状态，弄不清"慢"和"快"的关系。听到专家称赞高一年级的"当堂讲，当堂练，当堂讲评"，我感到不解：这是写作课吗？课堂不是生产线。学生思维还没"热"起来，怎么"当堂练"？即使学生能在一节课时间内拼凑出"不少于 800 字"的作文，但如果没有"意思"，写了也是白写。为什么不让他有一些新的思路呢？为什么不让他的写作有些乐趣呢？宁可少些，但要好些。把作文安排到课后，学生在自由状态下写作，获得乐趣，习得方法，也不影响他对付"不自由状态下的写作"。教师不一定要依着那些所谓的"惯例"去教学，有些"惯例"不一定正确。义务教育阶段语文教科书的"思考与练习"中，仍有"有表情地朗读课文"，我不明白，这个"有表情地朗读课文"为什么会那样顽固地存在于教材中？苏霍姆林斯基在《给教师的建议》"学生应当掌握的最重要的技能和技巧"一节中，主张小学二年级的阅读以朗读训练为主，确实提到这个"有表情地朗读"，但苏霍姆林斯基五六十年前的这个提法不正确。教科书提"有感情地朗读"，也不准确，——学生刚接触文本，"感情"从何而来？只有让学生认真去读，读进文本，读出画面，读出自己的想象，读出作者的心，读出文本蕴含的感情；读通了，读懂了，"悟"出来了，感情才会出现；因为感动，把书中的那些人和事，那些美与震撼，埋在心灵深处，一辈子不忘。如果读得忘记了周围的一切，成了自我心灵洗礼，这才可能"有感情"。这样的教与学，这样的思考，让我一点点地进步。作为教科书的一名编者，我常劝老师们，不要迷信教科书，要重视自己的教学实践，在实践中改造教学。

教师的一堂课，背景是他全部的知识和智慧，他读过的所有的书都会起作用；非但如此，他的全部生活经验都有可能体现在课堂上，因为他面对的是"学习者"。教学是人与人之间的交流，这就必然应当是有趣的而不是枯燥的，是有血肉灵魂的而不是僵死的。学生通过一个人活生生的思想活动与表达，培育兴趣，发现令他惊叹的知识领域，获得思维灵感，感受各种丰富情感，只有这样，教育才是一种礼物，而不是精神和体力的负担。我相信，教育会逐渐走出"重教轻学"的困境，虽然应试狂潮让我不敢过于乐观，但不可否认，高中语文教育仍然能起到"唤醒"和"激励"的作用，教师即使做不了灯塔，至少可以充当"航标"，让我们的学生对正确的学习之路有记忆。

* * *

让学生喜欢我的课，可能并不难，毕竟和他们朝夕相处，就算爱屋及乌吧；但是，让学生喜爱我任教的学科，可能就不那么容易了。有一学期工作变动，一个月后，学生遇到我，说"你不教我们了，我上节课看表五六回"，也就是说，他们不太接受接任的老师。我给他们上了一年语文，没能让学生喜爱语文，这是我的失败；如果他们喜爱语文，不管是哪位老师上课，他们都应当会接受，因为他们是在学中国语文，而不是我的语文。没能让学生认识学科的重要，没能让他们学会学习，让我想到自己的教学仍然存在问题，虽然有老师批评我自寻烦恼，但我确实还没想明白。

我仍然在学，在想。

王木春
福建省特级教师，全国优秀教师，福建省首批中小学名师培养对象。著有
《身为教师—— 一个特级教师的反思》，与人合著有《迷人的阅读》，编有
《叶圣陶教育演讲》等。现为福建省东山一中语文教师。

我的课堂，通向辽阔的远方

如果把语文比作家园，那么，我相信，这座用美丽中文装扮起来的家园，就在此地，更在远方。它是一个让人心灵自由飞翔与栖息的世界。

——题记

一、每堂课更是精神历险和思想搏斗

诗人说："说出你的名字比举起石头更难。"言说自己的课堂，似乎不比"说出你的名字"轻松一点点。

教书20多年，我的课堂始终处于变动中。个人的经历、阅读、环境（尤其学校文化、学生素质等），会对课堂构成影响。有些方面的影响，还是深刻的。刚走上讲台那些年，我不辨东西南北，只管一头扎进教参、考试大纲、试卷之中。所谓"课堂"，如今回首，实在乏味得很，让我羞愧。

6年过去了，15年也过去了。我开始疲倦，那些课本，那些教参，甚至辛苦搜来的名师教案，无不让我生厌。活泼泼的学生也让我烦腻。原本风情万种的语文课，演化为一节节毫无挑战与悬念的文本"手术课"。还这样无趣地熬下去？不能改变吗？为什么不试试，顺着心愿？有一段时间，我拷问自己。

我终于听从内心的安排。课堂也随之悄然变脸。

一个重要的改变是搬走教参和教案。它们貌似不同，其实步骤千篇一律，解读作品也是一个腔调。凭借多年的积累，我独自面对文本。我惊奇地发现，我其实已具备独立备课的能力。比如，我用自创的"意象重叠"的解读法引导学生欣赏《雨巷》，终于消解了长久以来面对这首新诗的无力感；顺着"写刘和珍—还写什么—用什么贯穿起来—为什么鲁迅这样写—达到什么艺术效果"的教学思路，深奥的课文变得易懂，破除了高一学生对鲁迅作品的恐惧……我感谢这些年来接触过的行家、听过的优秀同行的课堂，以及庞杂的阅读面，也庆幸自己多年来从无间断地思考和写作。所有这些，都在暗中帮我打开视野，支撑起自己的课堂。

这是我教学之路的一大进步：摆脱模仿和重复，进行创造与自新。前行中我收获的，除了课堂活力，还有我的职业欢愉。曾经的厌倦感，在一次次的文本解读与创设中，烟消云散。我甚至期待上课，把刚领悟到的作品精髓和设想，与学生分享。

更大的变化还不在此。那年，又教新高一。第一节课，用几分钟介绍完有关常规事项后，我说："今天是开学第一课，除了彼此认识之外，我们还是静静地读书吧。我给大家读几篇优美的文章，好吗？"在一片叫好声中，我捧起《张晓风经典作品》，朗读起《柳》：

别的树适于插花或装饰，只有柳，适于霸陵的折柳送别。

柳差不多已经落伍了，柳差不多已经老朽了，柳什么实用价值都没有——除了美。

柳树不是匠人的树，这是诗人的树，情人的树。……

接着是《木棉树》《春之怀古》。我希望借助张晓风温婉纤敏的文字把中国汉字的魅力展现给学生，把汉字背后美好的情愫传递给学生，把被段落大意和中考前成堆的模拟试卷磨得粗糙的心灵找回来，更想把变得无趣无味乃至丑陋的语文课找回来。文字叩响了年轻的心。他们的眼神告诉我，他们喜欢这样的文字，这样的课堂。其实，被打动的，还有我自己：哦，语文课还可以这样上。

后来，我的课堂还常这样——

走进教室，我开口便说："有件事一直惦记着告诉你们：前天在走廊上，我看到午后的秋阳把校园里所有的叶子啊草啊都浴成了金黄色，很想喊你们出来看看……"（此后，在学生周记里，常出现校园的木棉花、绿叶黄叶、阳光，甚至飘起他们邻家门口无名花儿的芳香。）

讲完《在马克思墓前的讲话》，我留出半节课，问学生："来欣赏马克思写的爱情诗，喜欢吗？"大家热烈鼓掌，我朗读《致燕妮》。之后，我说，再读几段《共产党宣言》吧，美国学生也学《共产党宣言》呢。

国庆长假后第一堂课，我问学生："国庆期间主要做了什么事？"学生们都说，看阅兵式了，太壮观，太激动，太伟大了。我也汇报了我的假期行踪。接着我说："阅兵仪式我没看，不过，我女儿和你们一个样，也爱看阅兵式，她见我一上午睡大觉，怪异道：'全世界的人都在看阅兵式，整个小区四处充满了观看阅兵式的呼喊声呢。'女儿仿佛把我当成异类。我对她说：'全世界的人都喜欢的东西，为什么我也得喜欢？我睡觉难道不行吗？犯法了？'这位初三的女生批评我不爱国。我反问道：'看阅兵式就爱国吗？'"——课堂上，我说完这些话，学生笑了。我想告诉即将走向大学走向社会的他们，其实每个生命都是独立的个体，有权利拥有自己的喜恶，并被他人尊重。

从北京学习归来，我问学生："你们刚才吃了我从北京带回来的冰糖葫芦，味道如何？"他们说"好"或者"不好"。"没关系，可你们也要'回报'我一件礼物——周记写篇'冰糖葫芦的味道'送我。"第二周读到不少"味道各异"的好文字，我选出四篇，课上念了，教室里一片啧啧之声。

学生即将毕业。他们基础不好，可能一个也考不上一本。但目睹眼前刷刷刷拼命做题的他们，我突然很不舍很心酸。几天后我说："我不继续讲评试卷了，我为大家介绍我刚写的文章《为什么美总是忧伤的》吧。"那是我记忆力最好的一次，竟然把几天前写的文章几乎全背了出来——

……到学校，学生们专注地打发着笔下试卷，教室里只有黑板上方的石英钟细微的声音。我一遍遍浏览着他们——这些曾与我朝夕相伴三年的大孩子。三年前，他们还是小不点，傻头傻脑的，转眼间，伫立在我面前的是二十出头的小伙子大姑娘，再过两个月，他们将从我身旁飞走，消失在海角天涯。他们不会知道，此时一道目光正停在他们头顶，刻下一个个瞬间。也许，多年后，他们会飞回来，聚集到这校园的木棉树下，但那时，红红的木棉花映衬的，唯有我的苍颜华发，佝偻身影。

于是，我懂得了：为什么美总是忧伤的。……

渐渐地，泪水蓄满眼眶，但我没有停止背诵。我在心底说：流吧，流吧，为什么我不能痛快地流一次泪？（几年后，学生刘建龙还发来短信询问校内木棉树的近况，并在一篇文章中说："如今，我已离开母校，来到远方。孤独寂寞的时候，我总会想起王老师，想起那两棵默默无语却给予我们爱和力量的木棉，我心中永远的英雄树。"）

经历连续几天的模拟考试，学生很累，而高考也逼近了。"好些天不读书了，今天我为大家朗读几首诗，好吗？这位诗人叫阿多尼斯。"我打开诗集。读着，读着，读到《外套》，我突然哽咽了。我抱歉地说："对不起，我失态了，我刚才是因为想起还在医院里的父亲……"我最后即兴说："同学们，你们马上要高中毕业了，再过几年，也将为人父母。我希望大家都能体会我此时的感受。只是我对父亲的理解太迟了……"（高考后，学生柯霁阳在文章里写道："这样的朗读课，或许对于我已是最后一堂。这样真实的课堂，以后的求学生涯中还会有吗？这样的生命唤醒和启迪，以后还会有吗？我还可以甜甜地撒娇似地叫他春哥吗？"）

……

是的，我的课堂"变"了。跳出了教材，不再把每篇课文奉若神明，顶礼膜拜、一一解剖，有时还自我纠缠。我的课堂里，有既定的经典，更有我眼里的经典。我给学生读过的诗文、介绍过的书，不知多少。我也欣慰地看到学生的变化：他们在一起时，手中握的、嘴里交谈的，常是书；他们笔下的作文、周记，他们发给我的短信，也离不开书。

此外，课堂里我见缝插针，和他们讨论新近发生的校内外大事，偶尔也说点个人心事。在那些时光中，我们忘掉书本，忘掉分数，忘掉渐行渐近的高考，乃至忘掉课堂本身，忘情地行走在自己的阳光里。

有人看不惯我的"随意"，个别家长也有微词，说我"太个性"，警告孩子"不要全听语文老师的话"。说实在的，一开始，我听后心里还是会难受，但很快，我就释然了。我是语文教师，不是数理化教师。而语文，是最有灵魂最具活力的学科。诚然，教材与习题是语文，但绝不是语文的全部。语文之精魂，是情感，是思想，是人格。当学生的情感丰沛了，思想强大了，积蓄的能量自然而然会撞击直至敲开语言的大门，迈向更开阔的境界。把学生引向这一境界，或者和学生一道抵达，就是语文教师的使命。无视或背离这一使命的语文课堂，无论多么热闹，多么滴水不漏，说白了，无非是一连串雕虫小技的表演。"教育的目的应在于借助知识、智慧和爱，使个体获得精神解放，并以此唤醒和释放学生本性中的精神渴望、提升学生的心灵层次。因为唯有当教育成为精神自由的主人、背离技术至上的奴隶之时，其才能真正地摆脱徘徊，走出十字路口。"雅克·马里坦的话，对语文，也许再适合不过了。

当然，"我的课堂"非我一人的舞台，是学生与我共有的、一起创造和体验的天地。我希望，每一堂课，每个 45 分钟，不仅完成知识的搬运，更是一次精神历险、思想搏斗，一次与古今中外优秀灵魂的会晤，以及人生途中师生一段美好的相随相伴。

二、你的"春心"醒了吗

打开并延伸语文课堂，并非容易的事，它需要一个前提——唤醒学生被封闭的心灵，学会感受、欣赏身边世界的美好。

寒假一过，新学期在春天里忙碌开来了。

这天的课安排在上午一、二节。从容地穿行在树木葱茏的校园，晨光点亮了树梢。初春特有的清新、湿润的气息，浮动在每一个角落里、每一片叶子上。路旁的草地，透出几抹若有似无的绿意，不经心是觉察不出的。这一切，让我感受到四季轮回之美、生命之美、工作之美。我的步履悠闲而有力。

预备钟刚敲响，我站在讲台上等候学生们进教室。蓦然，有种东西在远处吸引我，我忍不住窥探朝南的窗口。窗子斜对着两棵巨大的木棉树，站在讲台上，刚好触目可及。此时的阳光将树上下笼罩住。小小的花苞，像无数个酒杯，挂满树梢。瞬间心底斟满了温暖。

"同学们，你们知道校园里有两棵木棉树吗？"我问。

"知道。""不知道啊。"他们叽叽喳喳，有些人把头扭向窗外。

"不知道也没关系。我告诉你们，木棉树已经长出花苞，很快就将开花了。"我说。

看着学生或惊奇或茫然的脸，我转而问："春天来了，你们发现了吗？"

"发现了。"有些许声音应道。但多数人的脸依旧茫然。我临时决定，继续"聊下去"。

"好，我再问大家一个小问题：你们是否发现春天了？是如何发现春天的？自己主动站起来说说。"等了十来秒钟，没人起来。这个小学生最喜欢的问题，对于眼前的高中生似乎变得很有"难度"，他们在竭力搜寻答案。

"难道春天来得一点踪迹都没有？大家敞开心扉，回忆一下这几天的生活细节。"我提示、激发。

还是一片沉寂，和平时的课堂有些不同。莫非他们觉得这问题太小儿科，不屑回答？

我只好点名——一个成绩中上的男生 Y。

"好像还没感觉出来啊。" Y 困惑地说，带着几分尴尬。

我接着请班长 R 说。"有发现。前几天，在学校宿舍里突然觉得蚊子特多，嗡嗡嗡……"大家笑，我也笑。"没错，春天时节，蚊子会骤然变多。蚊子也是春天的'信使'啊。"我既表扬又调侃道。

终于，几位学生陆续主动回答了。

S 说："我家屋檐下的燕子，有一天突然飞回来了。"

R 说："上周日，我去老家田间，看到庄稼都绿了，嫩嫩的。"

Z 说："我家门口的一棵桃树冬天没动静，前天就开花了。" Z 是主动回答问题的唯一一个男生。

……

渐渐地，班级热闹起来，我也受到感染而快活起来。我对这群十六七岁的大孩子说："大家谈得很好，每个人发现的春天都与众不同。我也讲讲我的发现吧。那是三四天前，清晨六点多，我从开发区散步回来，走到家后的小街，一抬头，猛然觉得那天早晨有点异样：四周静得出奇，几只鸟脆生生地鸣叫，声音比平时都清澈、透亮，空气没了昨日的干燥，淡淡的朝雾仿佛蓄足了看不见的水汽。我情不自禁地深呼吸，一股清凉沁入肺部，随即扩散开去。我顿时意识到什么，脱口而出：'哎呀，我的妈啊，春天来了！'学生们大笑。

我继续道："说来惭愧，这是我第一次捕捉到春天。并且，被春天击中。看来，我活了大半辈子，心灵始终沉睡着，感觉不到春天的存在。这半生，大部分算白活了。不过，我可不希望你们像我一样。大家都是文科生，所谓文科生，就是'为文字而生'的人，同时更要有一颗敏锐的心灵……"

说完，一节课已经过去了三分之一……

可上完"发现春天"这 15 分钟的课后，我心中有说不出的沉重。眼前的年轻人，犹如装在笼子里的鸟，为了中考高考，被迫远离大自然，卷入无穷无尽的课业当中。一颗如三月般葱绿的、最敏感、最容易迷醉的心，因此退化得迟钝、麻木。十六七岁的孩子，本该属于春天的，春天也属于他们。不，他们就是春天本身。可是，他们和春天，隔绝得如此遥远和陌生。

有一年，一位在北方念大学的学生 M，星期天早上突然给我来电话："王老师，我跑到公园里来，这里好静啊，我请你听听鸟的鸣叫……"M 是我上一届的学生，因第一年高考成绩低，第二年补习后才考上大学。上大学不久，她曾很苦恼："舍友们都在尽情地玩，可我每天总往教室跑，我不舍得浪费时间，也不知道该怎么玩。"M 一直是个非常勤奋的学生。我安慰她："那是两年高三紧张生活的惯性，你要有意识地放慢生活的脚步。大学时光，除了学业，还得学会享受青春，学会欣赏周围的人和生活。"后来，她还常来电话，和我聊天，我觉得她已逐渐走出了过去生活的阴影。

那次，我把听鸟鸣的电话内容转告念初三的女儿，女儿揶揄我"酸溜溜的"。我不在乎。凭什么我不能"酸溜溜的"？我就是如此"小资"，如此感月吟风多愁善感，如此珍惜每一次的花开叶落……甚至，当我读到一篇好的文字时，依然泪花闪现。——这就是我，怎么了？

作为普通语文老师，我胸无大志。但我祈望，我所有的学生，能知道并记住母校有两棵百年的老树，年年开花——"令人焦灼的奇异"的花。

那树叫木棉。那花开的季节，叫春天。

三、那就摸摸书吧

其实，一颗真正充实自由的心灵，不仅要面向春天和大地敞开，也要向另一个世界敞开，这个世界，就是书籍。在教学中，我发现，成绩不理想的学生，往往是阅读兴趣低下的学生。他们中有的人甚至对书籍怀有某种近乎本能的恐惧和拒绝。

这一学期，我多承担高一年级一个班的语文课。这是年段的普通班。学校依据中考分数，将学生分成三个不同层次的教学班。普通班，顾名思义，即成绩中等的班级。

学期初，学校研究人事时，我曾要求任教第三层次的班级——慢班。这与其说我风格高，不如说我有"私心"：我中学时代基本在慢班度过，也是从慢班考上的大学。从教的前三年，一直教慢班，担任班主任。总之，对慢班，我有一种莫名的亲切感。况且，已经16年不曾接触这类班级，还有点神秘感呢。可惜，大家不赞成我的请求，美其名曰"不要浪费好师资"。

第一节课，我就感到教室的空气有点不对劲。这节课，我还不敢上新课，仅给他们读点课外美文。每一届我都这样做，学生也欢迎。第一节课嘛，师生先熟悉熟悉——我称之为"调情"。至于哪里感觉"不对劲"，我一时也说不上来。我课后反思：大概因为我介绍的文章偏难，他们无法接受吧。

一周后，课堂上出现杂音，一天天地，杂音越来越大，变成噪音。我提醒学生，但仍刹不住。我怀疑自己上课存在问题，毕竟层次不同的班级，学生的学科知识和能力落差也大。我不断调整教学内容和教法，有时，不同班级，对同一篇课文得准备不同的教案。这样上课当然不轻松，但我愿意把它当成一次难得的挑战和考验。

两周后，小部分学生的学习态度令我诧异。他们把课本摊开在桌上，双手插在兜里。我偶尔选些容易题提问，他们也报以沉默。信手翻开他们的课本，洁白如新。我只有难过。暗暗询问年段的其他老师，他们摇头："这有什么奇怪的？每个班级总有这样一批学生，他们不是来念书的，而是来'学长大'的。"这我知道，许多"扩招生"中考分数低到无法形容的地步，连起码的基础都缺乏，这样如何听课？不少老师只期望他们能安静地坐在教室里就心满意足了，还敢奢望什么？不过，我教的可是普通班啊，清一色是正取生，如此情形太让人匪夷所思。老师们又感叹："你的班级还算好的，如果你教慢班，就知道厉害了。学生一届不如一届了！"

也许是吧。我16年不接触慢班，虽然其间当过9年段长，和各类学生打过交道，但具体课堂上的面对面竟是没有的，学生的改变我的确不了解。

一天，走进教室，讲台上多出一把凳子，很眼熟的实木凳子。大概是上节课的老师留下的。我说："看到这个凳子，我有些感触。我讲讲凳子的故事，好吗？"他们的好奇心被激发起来了。"那年，我教 2010 届的十六班，这届学生是大家公认的有史以来成绩最差的，因为尖子生几乎全被私立学校挖走了。但在我眼里，他们是我最喜欢的学生，也是最优秀的学生。就说这个凳子吧。有一次，我扭了脚，第二天瘸着来上课，讲台上已放好一把凳子，以后的一段时间里每天都这样……几天后，我慢慢地在路上踱着，班上的学生见了，下车问：'老师，载你好吗？'这样感人的细节有很多。"

他们终于能静静地听了。我继续说："我想，一个对老师如此体贴的学生，当他回到家时，也一定会经常在他爸爸的屁股底下无声地放上一把椅子，会在妈妈感冒的时候，说声'妈妈，你休息一下'。当他将来走上社会时，他也会成为善良的人，有爱心和责任感的人。这样的人，或许他成绩不太好，却是我心中最好的学生。"

说完，我立即上课。这节课，出奇的安静。

几天后，我提早前往教室。走廊上有几个学生，远远看见我，准备溜走，被我喊住。我问 L：平时看书吗？他正迟疑，旁边的同学替他回答："有，整天都看——武侠小说！"几个人一齐哈哈笑。我说："好啊，上中学时我也爱看武侠。这有什么可笑的？不过，现在是高中生了，要尽量提高阅读趣味，读点更高级的书。"L 红着脸，唯唯诺诺，一听钟声响，赶紧逃进教室。

这节课内容不多。我预留下十来分钟，对他们说，剩下的时间，我们来欣赏一两首短诗吧。我拿出漂亮的诗集，读了一首，然后稍作解释；再读一首，再解释。读诗的过程中，我脑子里不停地重现大学一年级时当代文学老师在课堂上的情景。那天我们学舒婷的诗，年轻的薛老师兴致高昂地说："今天我要给同学朗读舒婷的长诗《会唱歌的鸢尾花》。我语音不准，朗读得也不好，希望有位女同学来和我一起朗读。"……

估计快下课了，我合上诗集，问："同学们再看看这本诗集的封面，美吗？""美！"大家喊。我走下讲台，在狭窄的课桌间穿行，一边把书放到胸前，不停翻动。学生们纷纷抬头张望。我索性把书伸到一些同学面前，说："你们摸摸，舒服吗？"他们小心翼翼地用一根指头触碰了一下，又缩回去。我慷慨道："没关系。打开来，里面是诗，是灵魂。"有人打开后又匆匆合上。

我走到爱看武侠小说的 L 面前，问："美吗？"他害羞地笑笑，小声说："我看不懂。""没事，慢慢来。你可以先摸摸书，要不，抱一抱也行。"大家笑。L 终于接过书，摸了一下封面，接着打开……在一串愉快的笑声中，下课铃声响了。

此后，教室里的噪音渐渐少了。

四、雨声·读书声

摸摸书，翻开书，这只是读书的第一步。重要的是，用心去感受文字，以及文字后面深邃的情感、思想。

上周末，已和学生说好本学期最后一节语文课，我读书给大家听。我还当场开玩笑般地祈愿："但愿那是个阳光灿烂的日子。"学生们会心地笑了。我喜欢在阳光里读书。

早上，我居然在手机闹铃响前几分钟自然醒来，兴奋得像小时候过节似的。每次上"读书课"，我总是如此，不管我朗读的是苏轼、张岱，是张晓风、韩少功，还是黑塞、契诃夫。相反，一些过于精心设计的课堂总令我自己也心生厌倦，就如我不喜欢矫情而心地复杂的朋友。

刚出门便看见满院子亮亮的水：下雨了。怎么不是晴天呢？我和学生是相约在阳光下的，或者说，我们要和这本书、这个作者相约在阳光下的。因为我担心书中的文字太潮湿，让敏感的心也忍不住淋漓。更因为书里几处描写阳光的句子，必须得置身于太阳底下才能读得鲜活，饱满，有滋味。

　　我撑着伞。雨声滴答，如古筝。早晨的小街寒冷而宁静。我掖着这本《我与地坛》走向学校，走向课堂，走向一双双年轻的眼睛。迷蒙的冬雨给我以幻想。我感觉正走向作者笔下那座荒芜寂寥、处处"播散着熨帖而微苦味道"的古老园子，心里渐积起一种朝圣般的庄严感。

　　教室安静如昔。把书放在讲台上，我张嘴就说："今天我给大家读一篇散文。"学生纷纷抬起头，投来发亮的眼神。

　　"上一次，我朗读的是帕乌斯托夫斯基的《珍贵的尘土》。今天我想介绍史铁生一篇很长的散文《我与地坛》。"学生三三两两地议论着。我随口问："看过这篇散文的同学请举手。"一个也没有。我有些失落。这些可怜的高二学生，时间都被各科习题塞得水泄不通，哪有余暇和心思看课外书？"老师，我们的许多书还是小学和初中时看的呢。"我不止一次听他们这样坦白，也是抱怨。

　　"初中学过他的《秋天的怀念》。"角落里传来几个声音。

　　"很好，我喜欢《秋天的怀念》。但你们知道我是怎么认识史铁生的吗？那是大学四年级时，我在图书馆收集毕业论文的资料，突然从杂志里看到一篇叫《合欢树》的短文，一下子被吸引住了。看过好几遍，仍觉得还不够劲，终于花了半顿午餐的钱把这篇文章复印了下来。从此，我知道了一个在许多教科书里都不曾出现过的名字——史铁生。你们读过《合欢树》吗？哦，多数同学没读过。没事，下回，我就请看过这个作品的某位同学来朗读。"

　　说完，我又介绍起我十年前的一个学生。她是班上语文最好的学生。考到北京一所名牌大学后，她曾给我寄来一封长达19页的信。这是我至今收到的最长的信。信的字迹有时用圆珠笔写，有时用钢笔写。信中，她断断续续地告诉我她遇到一篇好文章，就是《我与地坛》。她爱极了。她说，她原本可以轻而易举地下载这篇文章，可她宁愿把这篇长达几万字的散文一字一字地敲打出来。她还一个人租了辆破自行车绕行大街小巷很久，去寻觅那座寂寥而忧伤的地坛，在那里低回半日，以致差点儿迷路回不了学校。"但我不害怕，更不后悔。"她写道，"是《我与地坛》教会了我懂得对人生的思考、对生命的追问。"……那年寒假，见面时，我说我会给她去信的，还要了她的邮箱。遗憾的是，那年头，我只顾忙些俗务，脑子里填满了各种庸俗的念头，哪能理解她的心灵呢？更主要的是，那时我不懂得珍惜这份高贵的情谊，直到她毕业了，我终于没有写过一个字的回信。我错过了一份纯真的情感。如有机会，我会向她表达我的歉意。

唠叨完，我正襟危坐，打开书，开始朗读。其实，几天前，就是我决定选择这篇文章后的那个夜晚，我把自己关在书房里读过。七个章节，我只读两章，双眼已模糊。记得初为人师时，在一间大教室里，给100多位小学教师上辅导课，也读这篇文章，我竟然控制不住地红了眼眶。那时，我年轻，易动情。而那个夜晚，中年的我，怎么了？

此时在教室里，我一边读着，一边小心翼翼地控制着情绪。遇到几个生疏的词语，我便积极地站起来板书，作解释。每一个动作都能分散随时可能膨胀的感情。

曾有过好多回，我在这园子里待得太久了，母亲就来找我。……有一回我坐在矮树丛中，树丛很密，我看见她没有找到我；她一个人在园子里走，走过我的身旁，走过我经常呆的一些地方，步履茫然又急迫。我不知道她已经找了多久还要找多久，我不知道为什么我决意不喊她——但这绝不是小时候的捉迷藏，这也许是出于长大了的男孩子的倔强或羞涩？但这倔强只留给我痛悔，丝毫也没有骄傲。我真想告诫所有长大了的男孩子，千万不要跟母亲来这套倔强，羞涩就更不必，我已经懂了可我已经来不及了。

这段文字，让我内心晃动不已。学生们安安静静的。但我不敢正眼扫视他们。我停了下来，假装喝水、看外面的雨。檐雨飘落到走廊的雨具上，激起扑嗒扑嗒的钝响，如旷野的蛙鸣。教室的周围也一片寂静，连几年来每天在校园各处乒乒乓乓、轰轰隆隆的建筑声、装修声都似乎消隐了。雨拉起的帘子，把所有的嘈杂与浮泛都隔离给另一个世界。此情此景暗合了《我与地坛》的意境。"何必出大太阳呢？即使下雨会为这堂课增添一份无名的悲伤，也随它去吧。"

我想着。

喝完水，我说：同学们，小时候，也许就在不久前，你们也曾向你们的哪位亲人、朋友做过类似"倔强或羞涩"的事情，或者你们曾经错过了与他人的一段美好的感情，以至于让你至今还"痛悔"着。如果有，而且你愿意与人分享，那么，在下次周记里写下来吧。

接着，我又朗读了几段，第二章就结束了。一看墙上的时钟，快下课了。我遗憾地说："我们先和史铁生再见吧，另有五章，以后有时间再续。"我走下讲台，几个学生围过来，恋恋不舍地问："老师，下次还朗读《我与地坛》吗？"我回答："你们喜欢吗？好，我们下次接着朗读吧。"

走出教室，猛然想起，所谓"下次"，该是下学期的事了。哦，那已然是来年的春天了。

五、寒假，我们只种植梦想

我没想到，和学生共读一本书，能有如此长远的意义。

2009 年深冬的一个晚上，我坐在高三教室里，几乎一口气看完兰迪·鲍许的《最后的演讲》，在扉页写下："如果我错过这本小书，将是多么遗憾呀。"

身患绝症、仅剩 3～6 个月生命的大学教授兰迪，面对死亡的逼近，不是怨天尤人，而是心存感激，积极乐观，继续传递梦想。他在临终前一个多月作了一场震撼人心的演讲，让几亿人通过网络分享他实现梦想的过程。兰迪说：如果你以正确的方式度过人生，上天自然会眷顾你，你的梦想自然会实现。即使无法圆梦，这种向往也会起积极作用，引领人超越苦难，活得精彩，活出意义。

合上兰迪的书，心潮依然澎湃不止。我开始注视起讲台下正紧张进行晚自习的学生。这班文科生，初中底子非常薄弱，可依然拼搏着。他们疲惫的面容让人有说不出的感动和怜惜。作为语文老师，我除了精心讲好每堂课、鼓励他们坚持下去，似乎还该为他们做点什么——无论是为了几个月后的高考，还是为了长远的将来。突然，我想到手边的书，心头闪过一束电光：为什么我不能让学生写出自己的梦想呢？不行，离高考仅有几个月了，还"做梦"，是否太迟？会不会浪费时间？不，不会，有梦想就有精神动力，况且，有梦想不仅为了高考，就像兰迪说的，"梦想引领人的一生"。刚好趁寒假这个稍稍休整的空当，让每个人好好做个梦吧。我终于说服了自己。

两星期后，也是寒假前讲评试卷的最后几天，我带着刚从网上购买的六本《最后的演讲》来到教室，对学生们说："同学们，前段时间我刚读完这本书，为作者一颗伟大的心灵所震撼……有的同学可能要问我：你有梦想吗？我说，我有，从前很模糊，现在渐渐清晰，但我先不告诉你们。我会写出来的。寒假十来天，希望同学们轮流阅读这本小书，也可以观看书中附带的英文演讲光盘，然后每人写下自己的梦想，发到我的邮箱里。毕业前，我会把你们的梦想集中在一起，装订成册，留给大家作纪念。记住，不要怕别人嘲笑你异想天开，只管做你心中的梦。做梦，写下梦，这就是我布置给你们的最后的寒假作业。"

寒假期间，我陆续收到学生书写的梦想。我一篇篇看，一一回复。这些年轻的梦想，熨热了我的冬夜。

寒假一结束，离高考就只剩三个多月了。每周，我利用课前短暂的时间，在屏幕上展现学生的梦想，并逐篇朗读。有时读一篇，有时读两至三篇。在朗读梦想的过程中，我获得的是一种精神享受。是的，这些梦想——虽然是学生们的梦想——带给我一连串美好的回忆，以及鼓舞和希望。而学生们也在分享别人的梦想时，获得启迪，获得力量。尤其在高考前几个月，对于他们来说，天空是灰色的，双肩是沉重的，但我相信，一个个瑰丽的梦想以及温暖的文字，会驱散几许灰色与沉重。

这是部分学生文章的标题：《想去西伯利亚看春天》《永远的曙光》《梦想在彼岸展着翅膀》《梦想照进现实》《梦想是彩色的》《永远有多远》《有梦，脚步就不能停下》《追赶梦想》《数星星的孩子》《和梦想在交叉口相会》《梦想，一辈子的事》《梦想是一种苦涩的甜美》……

今天我敲下这些鲜活的题目，心，紧随手指在跳跃。

时间一星期一星期飞快地过去，学生不断地把他们的梦想发至我的邮箱。梦想越积越多。

当大家都把兰迪的书看完了，我把书收回来。W偷偷在书中塞给我一张小纸条："王老师，不好意思，您能送我一本《最后的演讲》吗？"几天后，我将一本崭新的书交给她。之所以要新买一本，是因为我要求每位读过这本书的学生，都在书的某个空白处，写下一两句话，并签名。我希望把这些"旧书"继续留给下一届的学生看，并将其作为长久的纪念，就像现在把他们的文字汇编成册一样。

当我收集好学生的梦想时，高考已迫在眉睫。我让学生们自己给这部"我的梦想"集命名。他们纷纷呈上自拟的题目。其中魏桂林的题目最不俗，叫《盛夏·花开》。魏桂林向全班同学解释命名理由：这个盛夏我们将毕业，而我们的梦想永远像花儿一样开放。于是，我们选定以《盛夏·花开》为书名。

我打印出每篇文章，让学生们自行校对，然后我打算写写自己的梦想。此时我却迟疑了。我不是承诺也写"我的梦想"吗？难道我没梦想吗？我当然有梦想：要在一生中写下十部书，想成为一个对别人有意义的人，还想去北欧住上几年……可不知为什么，我最终没有写。我只为小册子写了一篇短短的序：

飞吧，梦想

手捧这叠梦想，仿佛捧着满怀跃跃欲翔的彩蝶。他们年轻的翅膀一遍遍灼热我的心。

维特根斯坦说，你不能建造云彩，这就是你梦想的未来绝不会实现的原因。

这位伟大的哲学家鼓励我们去"建造云彩"，去做梦。

梦，是上帝赐予每个生命的权利与奇迹。年轻人，不管你将来在哪里，也不管你身处何等境遇（是富豪还是打工仔），都不要忘记义无反顾地做梦。

梦，会带你飞得更高，活得更有尊严，更有意义。

愿我能永远和你们一起，让灵魂超出尘土，穿越时光，迎着阳光彩虹，飞得高高，高高。

接着，我编好目录，用"一棵开花的树"的插图作封面，最后交付学校印刷厂。高考结束当天下午，我提着一捆粉红色的书到食堂门口（学生考完后在那里集中），让课代表把书发放给大家。我独自匆忙逃离了。我发现我变得极端伤感和脆弱。

几个月后，学生柯霁阳告诉我，她把这本书带去新学校后，同学们惊叹不已。在异乡的她还不时拿出书来翻翻。

我仿若听到了花开。我想起兰迪在《最后的演讲》中的话："能够实现童年梦想是件令人兴奋的事，但是，随着年龄的增长，你会发现帮助别人实现理想是件更有意义的事。"我认为自己做了一件很令人快乐、很有意义的事，于是我也朝我的梦想，朝我心中的远方，迈进了一步。

王崧舟

特级教师，浙江省小语会副会长、杭州市小语会会长，现任杭州市拱宸桥小学教育集团总校长。曾获得"全国劳动模范"、浙江省"十大育人先锋"称号及全国五一劳动奖章。倡导"诗意语文"，其语文课在中央电视台《实话实说》、中国教育电视台《名师讲坛》等栏目播出。出版《诗意语文——王崧舟语文教育七讲》《诗意语文课谱——王崧舟十年经典课堂实录与品悟》等多部论著，发表论文220多篇。

行吟在"诗意语文"的路上

序　曲

2004 年 9 月 18 日，为庆祝《小学语文教师》创刊 200 期，应编辑部邀请，我在上海浦东尚德实验学校执教《一夜的工作》。该课在现场引起了强烈震撼和反响，有人问这样的语文课怎么形容，我说就叫"诗意的语文"吧。

同年底，山西教育出版社要出版我的教学专著，我就以"诗意语文"来总结自己的教学思想。这样，我就在小语界正式提出了"诗意语文"的主张。

从此，诗意语文成了我职业生涯的美好愿景和信仰。我在诗意语文的道路上孜孜矻矻、上下求索，享受着一路行走中的风雨和阳光。围绕着诗意语文的实践和探索，我先后在全国 29 个省份开设观摩课 1000 多节次、讲座 600 多场次，出版《诗意语文——王崧舟教学思想与经典课堂》《诗意语文——王崧舟语文教育七讲》《王崧舟讲语文》《听王崧舟老师评课》《诗意语文课谱——王崧舟十年经典课堂实录与品悟》等专著，在省级以上公开刊物发表论文 220 多篇。

我们还先后组织策划了三届"全国诗意语文教学观摩研讨会"、三届"全国诗意语文实践策略教学观摩研讨会"，现场受众达一万余人。2009 年，我们依托山东济南师范学校成立了"全国诗意语文研究与发展中心"，在不到两年的时间内，中心发展了 87 所实验学校，刊发了四期《诗意语文会刊》。在诗意语文理论的指导下，王自文老师执教的《古诗两首》荣获全国第六届小学语文青年教师阅读教学观摩活动一等奖、王春燕老师执教的《猴王出世》荣获全国第八届小学语文青年教师阅读教学观摩活动一等奖、罗才军老师执教的《伯牙绝弦》荣获全国第九届小学语文青年教师阅读教学观摩活动特等奖。冯铁山教授等为主编、我为顾问的《诗意语文学本》也于 2007 年由广西教育出版社出版发行。

诗意语文成了新一轮课程改革中诞生的有着广泛影响力的语文教学流派。

诗意语文的形成，看似偶然，深究起来其实有着诸多因缘。

从历史的因缘来看，中国是一个诗的国度，诗教有着悠久传统，"不学诗，无以言"。语文如果舍弃诗和诗教，甘以"工具"自居，势必苍白孱弱；汉语文的精华承续，势必断流。因此，让诗意在语文课堂上流淌，是历史赋予当代语文课程改革的文化使命。

从时代的因缘来看，在物欲横流、急功近利的大潮流面前，语文课程的文化语境早已变得苍白，丰富的生命体验则已成为某种奢侈。超越功利、回归心灵业已成为时代对教育的深情呼唤，诗意语文从根本上说是对教育的精神返乡的一种回应。

从学科的因缘来看，长期受困于应试教育体制的语文教学，要么偏执于思想性，要么抓住实用主义不放，要么奉知识体系若神明，把原本诗意盎然的语文教学拆解成毫无美感的思想灌输和工具训练，致使学生对语文学习毫无兴趣和感觉。诗意语文的探索，实质上是对语文本真和本色的自觉回归。

因缘一旦成熟，任何风雨都无法阻挡诗意语文之花的绽放，在江南，在课程改革的四月天。

行　板

诗意语文自草创迄今，大体上经历了三个阶段。

第一阶段：朦胧的激情。这一阶段的诗意语文，以《一夜的工作》为代表。在邂逅课堂激情的高峰体验之后，我欲罢不能，视激情为语文课堂的最高价值，教学往往以情感为突破口、以情感为主线、以情感为主攻目标、以课堂是否感动人心为衡量效果的核心尺度，所以那时也有人称我为“情感派”的代表人物，但这个阶段对“情”尤其是“激情”的课程解读、生发机制、理论基础、实践原则、操作范式等等，处于一种“知其然而不知其所以然”的朦胧状态。

第二阶段：去激情化。这一阶段的诗意语文，以《两小儿辩日》为代表。一方面，我为外界“激情泛化导致语文弱化”的批评所困扰；另一方面，对课堂上一再点燃的激情体验，我产生了某种审美疲劳。于是，在那些对外依然号称“诗意语文”的课堂上，我开始有意无意地淡化激情、回避激情，甚至人为地压抑本该自然生发的教学激情。历史地看，去激情化在某种程度上拯救了诗意语文，它使诗意语文更像语文、更具语文味，它满足了人们呼唤语文坚守自己“独当之任”的课程诉求。

第三阶段：激情的协奏。这一阶段的诗意语文，以《慈母情深》为代表。如果说“朦胧的激情”是诗意语文在课改狂热期所表现出来的某种媚俗，那么，“去激情化”则在去狂热之魅的同时又不幸成了另一种意义上的媚俗。当媚俗成了某种定势时，恰恰是诗意语文丧失自己的本真和立场的时候。物极必反！于是，在对激情的肯定和否定之后，我再次回归了生命的激情状态。这状态，是植入了自觉反思和理性沉思之后的澄明，是真正确立了自己的课程立场和价值取向之后的义无反顾，它与媚俗无关、与狂热绝缘。此时的诗意语文，依然深情款款、激情满满，但，这情早已自觉地扎入了语文的大地，早已心甘情愿地承载起语文的“独当之任”。它有了清醒的课程边界意识，却如实地追寻着语文的审美之道。

在三个阶段之后，诗意语文开始了不同课程维度的多元化探索。以《枫桥夜泊》为代表，我们搭建了一个文化为经、意象为纬的古诗教学网架，深化了诗意语文课程载体的研究；以《去年的树》为代表，我们抓住语用学习这条主线，融内容感悟、情感陶冶、学法渗透于一体，彰显了诗意语文课程本体的研究；以《孔子游春》为代表，我们在学情视角下重构了教学范式，实现了学科逻辑和心理逻辑的无痕对接，开始了诗意语文课程主体的研究。

回顾诗意语文三个阶段的演变、三个维度的探索，我们不难发现，诗意语文的核心和灵魂有且只有一个字："情"。有人叹曰，诗意语文怎一个"情"字了得！如果说，在流派林立的语文教育界，诗意语文依凭何种"课程元素"得以安身立命，以何种"课程标识"有别于诸多流派，那么，我想就是一个"情"字了。此情非彼情，它有着审美的品格、语文的特质、理性的积淀、生命的关切。此情亦彼情，它一定在情境中被激发、一定关乎个体的内在体验、一定是整体的生命律动、一定折射出相应的态度和价值皈依。

主　歌

作为一种教学流派，毫无疑问，价值问题是诗意语文的首要问题，也是最为核心的问题。丢了价值的憬悟，就是丢了诗意语文的魂。诗意语文的价值守望，主要体现在以下四个方面：

1. 从本体的角度看，诗意语文更强调汉语的诗性品质

汉语的诗性品质，集中表现在它"以象见意的诗性特征"（辛国刚语），它是中国诗性文化的终极表达，也是汉语有别于印欧语系的根性特征。

汉字是汉语诗性品质的基因。象形是汉字诗性品质的基础表征，"每个汉字都像一张充满感情向人们诉说着生活的脸"（诗人郑敏语），用语言学家范诺洛萨的话说，汉字充满动感，不像拼音文字被语法、词类规则套死；汉字的结构保持了与生活之间的隐喻关系；汉字排除了拼音文字无生命的逻辑性，充满感

性色彩。

汉语同样感性郁郁，在表达人的内心感受和体验上比拼音文字要直接、自然。汉语没有冠词，无位格、时态、语态等变化，不用或者少用连接词，在语法上比逻辑严密的拼音文字要灵活自由得多，王力先生认为："西洋人做文章是把语言化零为整，中国人做文章几乎可以说是化整为零。"汉语能"随物赋形"，重"意合"而轻"形合"，更接近人的瞬间体验而非理性思维。

诗意语文强调汉语的诗性品质，旨在更好地实现语文教育的民族化。

2. 从载体的角度看，诗意语文更重视文本的审美解读

文本解读从总体上看，大致存有三种方式，即：功利解读、科学解读和审美解读。功利解读以了解和掌握文本提供的有用信息和知识为己任，科学解读则以探寻和发现文本的客观规律为鹄的。审美解读，与上述两种解读方式大异其趣，它以观照和体认文本的情感境界为旨趣，最终走向自我理解。

这是由语文课程的载体特征决定的。不可否认，"文学作品"是语文课程的主要载体。曹明海先生指出，文学是感情的产物。在文学解读中，必须切实把握文学感情化的特性和规律，着力于作品中"情化的自然"的审美透视。

姚斯指出，文学作品并不是一种"自在之物"，而是"为它之物"。因此，审美解读是将文本从静态的物质符号中解放出来，还原为鲜活生命的唯一可能的魔术。但是，审美解读并不需要对作品原意的复原，也无法复原，而"需要一种创造性的审美态度"（王岳川语）。

审美解读，不仅关注文本的审美内容，同样关注它的审美形式，诸如文本语言的形象美、情韵美、意境美、建筑美、音乐美等。审美解读，为语文教育的审美化奠定了方法论的基础。

3. 从主体的角度看，诗意语文更关注儿童的游戏天性

席勒认为："人只有在充分意义上是人的时候，才游戏；而只有当人游戏的时候，他才是完全的人。"儿童的游戏天性，使他们比成人更容易进入"全人"的状态，这种状态，是不计功利、剪除压力的自由状态，是全然进入、全心投

人的忘我状态，是无中生有、化虚为实的想象状态，是物我同一、主客双泯的解脱状态。这样的状态，实为诗意的状态。

语文教育，正是要顺应和牧养儿童的这种游戏天性。苏霍姆林斯基曾不无感慨地指出："游戏——这是一扇巨大的、明亮的窗子，正是通过这扇窗子，关于周围世界的图景、概念的令人赏心悦目的光流，才照射到了儿童的精神世界。游戏——这是点燃儿童的求知欲和钻研精神的火星的火种。"

诗意语文，它的丰富的言语想象、多彩的情感体验、灵动的对话交流以及高度的精神投入，无不在某种意义上契合了儿童的这种游戏天性，而对这种游戏天性的顺应、引导和牧养，将成为儿童言语人生乃至诗意人生的一抹温暖的亮色，这也是语文教育儿童化的秘密配方。

4. 从道体的角度看，诗意语文更讲究对话的陶冶功效

事实上，课堂教学中的师生是互为主客体的关系，这种互为主客体的结合和超越便是道体。学者谭维智认为："教学不是工艺，而是哲学，是艺术，是诗篇，是思想与思想的碰撞，是心灵与心灵的交流，是生命与生命的对话。"

从教学道体的角度看，语文教育的形象性、情感性、人文性、思想性、实践性等，都是其进行生命陶冶得天独厚、无与伦比的条件和优势。

语文教育是师生生命的一段重要历程，并且作为过程将对师生生命的成长产生深刻意义。而这种生命的成长，主要是通过对话的方式得以实现的。对话具有多种功效，诸如启迪、唤醒、激励、构建、协调、灌输等，诗意语文从生命成长和母语习得的视角出发，更讲究对话的陶冶功效。

陶冶性对话，强调理解言语生命、回归言语生活、融入言语情感、激活言语体验、丰富言语想象、培植言语人格。

诚如潘新和先生所言："语文教育的整个过程就是致力于帮助学生了解并建立人的生命活动和言语表现之间的紧密联系。"陶冶性对话，正是语文教育生命化的一个必然选择。

复 调

诗意语文拒斥一切教育实践的程式化、套路化，诗意本身所蕴含着的灵动、超越的情味，昭示着诗意语文永恒的开放姿态和包容情怀。智慧凌驾于方法之上，智慧让诗意语文拥有一种内在的力量。

（一）起点——文本诗意的阐释与重构

诗意语文的实践智慧，始自对"文本诗意"的阐释和重构。文本诗意，往往就是那些"人人心中有，个个笔下无"的言语秘妙，它可能是某种言语表现形式，也可能是动人的情感、独特的思想、深刻的哲理、重要的信息，或者形式与内容两者兼得，但所有的这一切都只能存身于"不朽的文字"。

1. 诗意的话语形式

诗意的话语形式，意指文本中那些独特的、有机的、充满着情感意义的话语存在。这类话语具有以下基本特征：第一，它往往通过语言的陌生化处理和加工，使语言本身得到"突出"；第二，它"尽其所能地挖掘了语言的所有潜力"（南帆语），例如声音、节奏、韵律、排列组合方式等，使之成为一个有机的形式；第三，它有着审美含量极高的情感意义和价值，它的形式又能有效地唤起这种情感意义和价值。从教材实际看，诗意的话语形式可以分成三类：

第一类是诗歌。如李白的《送孟浩然之广陵》、纳兰性德的《长相思》、艾青的《希望》、泰戈尔的《对岸》等。

第二类是美文。如朱自清的《春》、郑振铎的《鸬鹚》、琦君的《桂花雨》、巴金的《鸟的天堂》等。

第三类是嘉辞。散见于诗歌、美文之外的其他文本中，或是一个词、或是一句话、或是一段文，具有诗意话语的基本特征。如梁晓声《慈母情深》中的这样一段话：

背直起来了，我的母亲。转过身来了，我的母亲。褐色的口罩上方，一对眼神疲惫的眼睛吃惊地望着我，我的母亲……

从陌生化的角度看，这段话语有两个特点：第一，"我的母亲"连续出现三次；第二，"我的母亲"以后置的方式出现。这样的话语表达，是对日常语言的一种明显的偏离和反抗，能有效地吸引读者的目光驻留到这样一种异乎寻常的话语形式上。从语言潜力显性化的角度看，则排比的句式、长短句的参差错落、一唱三叹的语言节律以及省略号的绵绵韵味，使这个语段恰似一首短小精致的诗的存在。而其中蕴含着的慈母神态以及由此折射出来的慈母深情，显然有着极高的审美含量。母亲在极其疲惫的劳作中艰难转身的这个细节恰如朱自清先生刻画的父亲的背影，成了表达至爱亲情的一种诗意符号。

2. 诗意的典型意象

意象一词，最初具有对物体作自然模仿所形成的视觉意义，即通常所谓的"形象"。在心理学中，意象指"意识中再现的形象"。用意象派诗人庞德的话来说，意象就是表现"一种在瞬间呈现的理智与情感的复杂经验"。意象不仅是一种描写，而且是一种隐喻，即该意象代表、暗示了某种不可见的"内在"的东西。中国的诗学理论也强调意象是内在之意与外在之象的交融。

而诗意的典型意象，旨在强化和突出这种意象的审美意义和价值。从教材情况看，诗意的典型意象包括"景物意象""事件意象""人物意象""动物意象"等。如《丑小鸭》中"丑小鸭"这个动物意象，就是一个充满诗意的童话典型。作家梅子涵对"丑小鸭"这个意象有过这样一番充满诗意的阐释：

丑小鸭变成了一只天鹅，首先在于他逃离了鸭场。面对鸭场里一天糟于一天的生活，他只能惹不起还躲不起了。他"飞过篱笆"，飞过篱笆对他的一生起到了决定性的作用。

这是一个转折。否则他会一辈子待在鸭场里。看别人的脸色，听别人的闲言碎语，让别人推一把，啄一下，说你长得这么丑。

道路在篱笆的外面。道路又通向了后来的湖。在路上小鸭是辛劳的也是艰难的，但是艰辛的路使他通往了湖。篱笆里面是不幸，道路是过程，湖是结局。

湖上的喜剧解释了飞过篱笆的意义，在湖上，小鸭有了施展的机会，有了表现自己的本性、自己的真正的身份、自己的美丽的机会，因为他的同类们就在他的边上，美丽的发现是需要印证的，需要标准，湖上的白天鹅就是小鸭的印证，就是小鸭被证实为不是小鸭的标准，丑成了误会。

美丽成了丑，是由于篱笆的限制；丑成了美，是由于走出了篱笆。

从这段阐释看，诗意的典型意象，首先是充满着诗意的丰富的细节的，离开了感性的细节特征，意象只是一个朦胧的轮廓而已；其次，诗意的典型意象，往往有着独特的情感意义和价值，给人以丰富的精神启示和慰藉。

3. 诗意的思想感情

文本诗意本身就包含了情感态度、价值观等人文性方面的元素。钱理群先生曾对此作过这样富有诗意的描述——在这里，你们将倾听：对人生万象、宇宙万物深切的关注，深邃的思考；对彼岸理想美好的想象，热情的呼唤；对此岸人的生存困境的痛苦的逼视，勇敢的揭露。于是，这里有高歌，有欢笑，也有哀叹与呻吟。你们将触摸：集中了人世大智大勇的高贵的头颅，融汇了人间大悲悯、大欢喜、大憎恨的博大情怀的颗颗大心。你们将在有声有色、有思想、有韵味的语言世界里流连忘返，透过美的语言你窥见的是美的心灵、美的世界。

我们说，诗意的思想感情，是一种悲悯良善的同情之心，对生命、对世界、对生活充满了垂爱和怜惜；是一种生命不息、梦想不止的浪漫情怀，它有无限美好的憧憬和遐想，以此来慰藉人生的伤感和孤苦；是一种使学生爱之不尽、流连忘返的情趣；是一种使学生思之无穷、味之无极的情味；是一种含蓄而微妙、只可意会难以言传的意蕴；是一种纯真而飘逸、崇高而坚定的精神；是一种使学生幽思绵绵、浮想联翩的情绪；是一种激励生命去欢腾、去烦恼、去憧憬、去悲伤的力量；是一种让心灵不断净化、人格不断升华的境界。

如张洁的《我盼春天的荠菜》，文章最具特色之处就是弥漫于其中的"精神的苦难比物质的苦难更为可怕"的独特的思想和情感——这是博大、深刻的人文主义精神。如安徒生的《卖火柴的小女孩》，在引发我们对贫苦、对孤独的深深同情之时，也使我们诗意地感受到梦想对人生痛苦的超越的意义和价值。类似这样的诗意思想、诗意情怀，是可跨越时间、空间、历史、民族乃至意识形态的种种阻隔而成为人生永恒的普世价值的。

4. 诗意的思维方式

隐含在诗意言语形式背后的，往往是诗意的思维方式。诗意的思维方式，在很大程度上取决于修辞思维能力。诸如：比喻、排比、夸张、对偶、层递、拈连、同感、衬托、反问、拟人、同语、追加、抵牾等。

修辞思维能力，指的是对言语交际效果的预期和关注的能力，是为了追求预期效果而必须具备的语境认知能力和变异创新能力。因此，修辞在本质上是创新、求异的思维品质，是个性化、意图化的认知方式，是载意、求效的行为过程，"是审美化、智慧化的生存运行"（张宗正语）。文本诗意的根，不在语言层面，而在思维层面、精神层面。

以"比喻"为例，作为语文课程中最常见的一个修辞格，从表面上看，它不过是一种修辞行为，但是，从深层次看，则是一种诗意化的思维方式。譬如：

一本你喜爱的书就是一位朋友，也是一处你随时想去就去的故地。

——尤安·艾肯《走遍天下书为侣》

倘从科学思维的角度看，书是无论如何不能跟朋友归为一类的，故地也同样。理由很简单，书只是"装订成册的著作"（《现代汉语词典》），毫无任何的生命特征，跟"朋友"扯在一起，简直就是风马牛不相及也。

那么，将书和朋友、故地连在一起，显然突破了科学思维的窠臼。这种突破，背后支撑着的就是诗意的思维、诗性的智慧。对此，我们不妨加以简单的分析。首先，我们很容易看出，将书和朋友连在一起，使用的是类比联想的思维方式。这种思维，是由对主体产生当前刺激的事物现象（书），激活主体记忆中与其在外观、内构、性质、形状、变化、作用等方面（书和朋友都具有"精神上的归属感""愿意经常见面""能经常有新的发现和感受"等性质）有共同性、相似性或一致性的事物现象（朋友）的心理历程。顺着这样的思维方向，你还可以说：一本你喜爱的书就是一首百听不厌的乐曲、一幅含蓄蕴藉的画、一轮明月、一程山水、春天、鲜花等。这种诗意思维、诗性智慧，从根本上改变了人的生存方式和生命品质。

总之，文本诗意，乃是语文学科赖以处世立身的根本，赖以有别于其他学科的全部特殊矛盾之所在。也因此，文本诗意理所当然是语文教育最重要的课程目标和教学内容。

（二）过程——教学诗意的涵养与创生

诗意，或可解读为"诗一样的意味"。这一解读隐含了三层要义：第一，诗意是一种隐喻表达，诗不过是个喻体；第二，诗性才是联结喻体和本体的纽带，缺乏诗性的诗是没有资格充任喻体的；第三，具备了诗性的本体才富有诗意。

那么，何谓"诗性"呢？在语言学的视野下，学者马钦忠的界定颇为可取，诗性即"独特的、有机的、整体性的，深含着情感价值"。

实践证明，"独特的、有机的、整体性的，深含着情感价值"，这些所谓的语言的"诗性"，同样能够成为语文教学设计和实施的重要尺度和坐标，实践的课堂一样可以洋溢诗意的气象和神韵。

1. 整合与融入——开掘教学目标的诗意

语文教学目标，关涉多种元素，其实现的方式更是多种多样。

有些目标落实一个是一个，相互间各不搭界，此所谓"点式"的落实；有些目标，前后之间存在紧密的逻辑关联，需要一个挨一个地逐次落实，此所谓"线性"的落实；还有些目标，既非点式也非线性，而是你中有我、我中有你，各自的实现都同时影响和作用于其他目标的达成，此所谓"网状"的落实。

倘以诗性的尺度观照语文教学目标，则"网状"的实现过程最富诗意。因此，尽可能地将语文教学的知识、技能、习惯、思想、情感、态度等目标编入一张有机的、整体的网，当是诗意语文的一种自觉追求。

如《二泉映月》中的一个目标：

读写并懂得以下新词：茫茫月夜、一泓清泉、流水淙淙、如银月光、静影沉璧、月光照水、蜿蜒而来、水波映月。

这个目标，可以有以下三种实现方式：

（1）初读检查中的"点式落实"。

在初读全文之后，出示上述八个新词，或指名读，或流水读，或集体读，解决正音问题。然后，重点请学生说说对"一泓清泉""静影沉璧""蜿蜒而来"这些相对陌生的新词的理解，甚至还可以将上述新词重新放回课文的相关语句中读一读，体会它们各自在具体语境中的意思。

（2）随文识词中的"线性落实"。

这是指对上述新词的教学不单列一个环节，而是将它们搁在解读课文的过程之中，随文解词，逐次落实。当然，具体的教学方式可以因词、因文而异。像"如银月光""月光照水""水波映月"可以一读而过，不作驻留；对"一泓清泉""流水淙淙""蜿蜒而来"不妨略加解释，体会意味；而"茫茫月夜""静影沉璧"则须咬文嚼字、细细品味。

（3）整体语境中的"网状落实"。

先请学生从文中找出所有描写"二泉映月"景色的词句，从中选定上述八个新词，呈现时将其作如下排列：

茫茫月夜　　　如银月光

一泓清泉　　　蜿蜒而来

流水淙淙　　　静影沉璧

月光照水　　　水波映月

然后，请学生反复诵读这组词语，开始不妨两个词语作为一组读，叫一位读一组，要求读出节奏和味道，最后可以全部连在一起读，读时继续关注读词的节奏和韵味。

接着让学生展开想象，置身于这样的情景中，看到了什么，听到了什么，感受和心情如何。交流之后，可以让学生带着各自的感受和心情再读八个新词。

最后，顺着学生对美好景物的感受，设置疑问：这景这情对盲人阿炳来说却意味着什么？教学借此转入到精读环节。

试想，哪种目标落实方式富有诗意呢？答案应该是不言而喻的。因此，开掘教学目标的诗意，就是尽可能地为那些貌似"自闭"的目标寻找内在的、深层的意义联系，使之结为一个有机的网状的目标群落。这样一个结网的过程，是需要一种诗意的敏感和想象的。

2. 陌生与期待——彰显教学结构的诗意

陈钟梁先生曾以一种颇具诗意的方式来描述教学结构的诗意：导言——未成曲调先有情；提问——惊风乱飐芙蓉水；讲述——语不惊人死不休；环节——一枝一叶总关情；过渡——嫁于春风不用媒；小结——似曾相识燕归来；氛围——山雨欲来风满楼。

其实，教学结构的诗意，主要体现于它的"独特性"。对学生而言，每一堂课，都应该成为一个不可复制的唯一的存在。唯其独特，才能引发学生的学习期待；唯其独特，才能不断保持并扩张学生的学习投入；也唯其独特，才能形成各自的教学个性与风格。

在诗意语文看来，"陌生化"则是彰显教学结构诗意的基本策略。"陌生化"源自形式主义学派的文学批评，它强调文学话语所造成的异乎寻常的效应，从而产生话语符号的强烈感知性。移植到教学结构中来，则是强调结构呈现的出人意料、结构转换的意想不到，以此增强教学结构对学生的吸引力和驱动力。

众所周知，教学结构要遵循学生的身心规律和课程的逻辑秩序，但这实在只是形而上层面的一种规约，具体到每一堂课、每一个文本的教学，则是不应该也不可能有凝固的模式、刻板的程序的。充满诗意的教学结构，总是在"熟悉"和"陌生"的两极之间寻求期待的视野和投入的张力。陌生化，总是意味着对教学结构的平庸化和模式化的自觉颠覆。

如我执教的《两小儿辩日》，教学结构的呈现大体上表现为这样一个过程：

（1）探日："理"的寻思。

先听写"车盖""盘盂""沧沧凉凉""探汤"四个新词，再探寻"车盖和盘盂""沧沧凉凉和探汤""车盖和沧沧凉凉""盘盂和探汤"这四组词语在辩日语境中的特殊关系，引出辩日这个矛盾的焦点。在这个过程中，学生不断感受到一种陌生、一种惊讶，他们心中悬疑迭起：干吗要以这种方式听写这四个词语？四个词语以这样一种排列组合的方式呈现究竟意味着什么呢？

（2）辩日："趣"的体验。

围绕文中两小儿辩斗的语段，以四个递进的层次呈现四种辩斗的方式：第一层次，同桌对读，限于字正腔圆；第二层次，同桌演读，复活文字情味；第三层次，师生范读，还原辩斗场景；第四层次，全班辩读，体验角色情趣。每个层次的转换，都让学生意想不到、意犹未尽：啊？原来还能这么辩啊！

（3）悟日："智"的启迪。

通过"小儿""孔子"的多重角色置换，感悟各自的内心体验，提升辩斗的思想含量，再以"孔子究竟会不会说"这一悬疑结束教学。王小庆先生在解读这一课境时，曾这样认为：课堂内"最富于孕育性的那一顷刻"（莱辛语）被定格，它将课堂文本的不确定性留给了读者，让读者去想象，去完成这件艺术品的终极意义。

3. 造型与表现——传递教学语言的诗意

诗意语文自然离不开诗意的教学语言，但诗意的教学语言并不只是一味的华丽、绚烂、文学化，那种大段的、话剧式的、独白意味的教学语言，常常是对"诗意"的一种"去诗意"。诗意的教学语言，关键在于它的表现力和穿透力。

语言的表现力，跟语言的造型密不可分。在教学语言中，提问语言、讲述语言和评价语言尤其需要注意造型。充满诗意的语言造型，对学生的影响和感染是潜移默化、伏延深远的。

（1）以"聚焦、强化"为造型的提问语言。

比如《慈母情深》一课中有这样一组提问。第一步，直问学生："鼻子一酸"是种什么感觉？第二步，反问学生：母亲明明已经将钱给了"我"，一元五角，一分没少，一句责怪的话都没有，按理，"我"应该感到怎样？第三步，追问学生：此刻的"我"不但没有丝毫的高兴、丝毫的快乐，相反，此刻的"我"只有伤心、只有难受、只有鼻子一酸的感受，为什么？（稍顿）为什么"我"会鼻子一酸？

（2）以"体认、激励"为造型的评价语言。

如学生朗读了《慈母情深》的重点语段之后，老师的评价语言：

"那么长的一段话，你不但没念错一个地方，还读得这样通顺，这样字正腔圆，可见平时的基本功是相当扎实的。"

"你把自己放进去了，你已经走进了作者的内心世界，你不是在读文字呀，你是在替作者，不，你就是作者，你在向自己的母亲倾诉啊。"

"经你这么一读，这段文字的意思就全明白了，不需要再说明什么了。所以，有了疑问，最好的方法还是读书啊。"

"听得出，你在努力，在一点一点地进步。跟第一次朗读相比，我简直不敢相信自己的耳朵了。"

（3）以"灵动、机智"为造型的讲述语言。

如在《慈母情深》一课中，老师跟学生之间有如下随机的讲述：

针对文字情感的讲述。当学生读懂了母亲疲惫的神情时，老师说："母亲的眼睛会说话呀！然而，这一切，如今都已经不复存在了。此时此刻，我第一次真真切切地发现，母亲的背不再坚挺，母亲的脸不再红润，母亲的眼睛不再清澈、不再炯炯有神。母亲啊，我的母亲！你怎么会变得如此憔悴、如此瘦弱、如此疲惫？"（稍顿，全场一片静寂。）

针对言语知识的讲述。当学生体悟到文中一个排比句的表达情味时，老师说："说得好！这就叫作一语中的啊！第二句呢，尽管意思完全相同，但是，四个表示'立刻'的词不同了，所以，就无法形成一种排比的语势、排比的节奏，所以，那种急促的、忙碌的感觉就被淡化了。是这个理儿吧？"

针对朗读情境的讲述。当学生领会了母亲"塞"钱这个细节时，老师说："有力也罢，慷慨也罢，毫不犹豫也罢，其实都无须再说，因为它们都已经深深地嵌在这个'塞'字上了。来，让我们读出这个字的深情。"

4. 渲染与烘托——营造教学氛围的诗意

教学氛围的诗意，主要在于它深含着的情感价值。氛围是一种"场"，氛围的诗意是一种场的效应。在一个诗意的"场"里，教师与学生总是全身心地投入其间，或设身处地、或身临其境、或感同身受、或心驰神往，共同进入一种"审美自失"的精神状态。

如《鱼游到了纸上》一课的教学片段：

（1）"在场"氛围的营造。

师：（课件呈现：哟，金鱼游到了他的纸上来啦！）同学们想一想，假如你们当时就在现场，突然听到这么一声喊叫，你们的第一反应是什么？

生：我觉得非常奇怪，鱼为什么会游到纸上去了呢？鱼不是生活在水里吗？我就想过去看个明白。

生：我的脑子里有千万个问号，鱼一离开水就会死的，它为什么还会在纸上游来游去？我也想过去看看。

师：还有谁也迫不及待地想挤过去看个究竟？

（学生纷纷举手）

师：好的，哪位来做这个小女孩？（指名一学生起立）我请她喊这一声，你们注意，作出你们的第一反应。（手指着教室）这是在茶室的后院，这里有好几口金鱼缸，青年就在这儿画画。一开始你们都没注意，东张西望，走马观花。突然，你们的耳边传来这样一声惊奇的喊叫——

生:（朗读）哟,金鱼游到了他的纸上来啦!

（其余学生纷纷围到读句子的同学身边,气氛热烈。）

(2)"在感"氛围的烘托。

师:（走到学生身边）请问,是什么把你吸引过来的?

生:是小女孩惊奇的叫声。

生:是小女孩对青年画画的惊叹。

师:同学们,你刚才都说是小女孩的叫声把你们吸引过来的,真的如此吗?（稍顿）我们听,假如小女孩的喊声是这样:哟,金鱼画到了他的纸上来啦!（课件呈现）还是惊奇地喊,还是惊讶地叫,请问,你还会作出刚才那样的反应吗?

生:（齐）不会。

师:为什么?

生:我想画就画呗,有什么大不了的,我自己也会画的。

生:金鱼每个人都会画的,我们何必挤过去看呢? 每个人都会画。

师:说得是呀! 所以,真正吸引你过去的,真正让你迫不及待想看个究竟的,只有一个字! 那就是——"游"。

(3)"在思"氛围的渲染。

师:这个"游"字,是对青年画鱼的惊叹! 读着这个"游"字,我们仿佛听到了这样的赞叹——

生:画得太棒了!

生:真是画得栩栩如生啊!

生:他把金鱼画得跟活的一样!

生:画得太像了,跟真的一样!

生:他画画的水平简直是超一流的!

师：是的，这一声声的赞叹，都汇成了这样一句话——（课件呈现：哟，金鱼游到了他的纸上来啦！）

这里，教师采用"拟境"的手段，引领学生还原了女孩赞画的那个生活场景，使学生更真切、更传神地理解了"鱼游到了纸上"的语言情味。在这样一个充满诗意的教学氛围中，教师的渲染和烘托，学生的角色体验和文字品味，都和他们自身的生命情态紧密相连，可谓"情趣盎然、理趣通达"。

诚如张弛所言："对成功的语文教学来说，诗意是它的本色，是它的活力，是它的灵魂，是它的生命，是它的最高境界。"我们追求语文教学的诗意，旨在追求一种诗意的人生，引导学生从语文学习中发现诗意，感受诗意，在充满诗意的语文教学氛围中，探求人生的意义和家园。

（三）出口——主体诗意的唤醒和陶冶

诗意语文，从教师的角度看，就是要教出语文的诗意；从学生的角度看，就是要学出语文的诗意。其实，诗意的教和诗意的学是交互影响、共同作用的。但最终，诗意语文的价值必须通过学生主体的诗意唤醒和陶冶来实现。

1. 举象：还原语言的生命图景

引导学生将语言文字还原成一定的形象、印象和意象，从而实现语言视域和生命视域的融合，乃是诗意语文的基本策略。如对《我的伯父鲁迅先生》中"饱经风霜"一词的教学，先让学生回忆生活中见过的"饱经风霜"的脸，让学生用自己的语言描述一番车夫的脸，并引导学生透过车夫这一脸部特征去把握他的生活境遇和社会地位，让学生设身处地想象，假如自己在现场会怎么做，最后引出鲁迅先生对待车夫的细节描写。基于审美解读的诗意语文，力求透过文本描绘的感性形式，即物象形态，着力揭示它所蕴含的情感内涵和审美本质。

2. 造境：创生语言的生命境域

在举象的基础上，引导学生借助语言文字创造出某种特定的情境、意境和心境。在这里，情境指向课堂、意境指向文本、心境指向学生，它们统一于"不朽的文字"。"境"意指一种"象"的连续体，是各种"象"的剪接、叠加和组合的产物，是一种氛围，一种场。如《长相思》中"身在征途"的象的还原，"心系故园"的象的创生，将这两种连续呈现的"象"加以剪接和重组，就形成了一种孤独、寂寥的课堂情境和文本意境。造境，是审美解读的完形法则在诗意语文实践上的某种自觉回应，它有效避免了肢解化知性解读的偏颇和局限。

3. 入情：体验语言的生命温度

置身于语言文字所造的境中，引导学生体验其所承载的情感、情味和情怀。在这里，"情"既是一种教学的动力和引力，它驱使学生沉入文本，心甘情愿地与文本进行多层面的、深入的对话，更是一种重要的课程资源和目标，是语文课程本体意义上的存在。显然，"情"在诗意语文眼中是手段和目的的同一体。如《一夜的工作》，通过对总理办公室中"宫殿式"的想象和"一个不大的写字台，两张小转椅，一盏台灯"的还原，在"豪华之象"与"简朴之象"的多重对比中，创生出一个"惊讶、难以置信、不可思议"的情境，进而激发学生对总理高尚人格的感动和景仰之情。

4. 会意：感悟语言的生命哲思

在特定的情境中，引导学生感悟并理解语言文字所包含的意义、意趣和意蕴。从根本上说，诗和思是相通的、殊途同归的。拒绝哲思的诗是肤浅的，消解诗意的思是苍白的。诗意的背后总是承载着对生命、对自然的一种当下的洞悉和了悟。如对《草船借箭》中诸葛亮"笑"的品读。通过多重引导，学生体认到，笑鲁肃是因为他的忠厚，含有"嬉笑"的意味；笑曹操是因为他的多疑，含有"嘲笑"的情绪；笑周瑜是因为他的狭隘，含有"耻笑"的成分；笑自己是因为自己的智慧，含有"欢笑"的情趣；笑大雾是因为自己的妙算，含有"额笑"的韵致。

5. 求气：触摸语言的生命律动

在特定的情境中，通过诵读品评，探求语言文字的声气、节奏和神韵。"以声求气"是"桐城派"文论和创作的一个核心范畴，"气"是语言承载的生命的律动和张力，"气"存身于语言的"声"，或者说，"气"与"声"具有生命的同构性。而文字本身是不出声的，就像断了气的生命。因此，曾有人把书面语言比成将美酒变成白开水的"罪恶的漏斗"，本来依附于语言声音的极为丰富、微妙的意蕴全都从这漏斗中流失了。而诵读把无声文字还原为有声语言，在这还原过程中就有可能比看更容易、更快捷、更全面地把握语言的思想内涵，特别是进入语言的情感状态和精神世界。

6. 寻根：摄取语言的生命传承

在特定情境中，引导学生开掘语言文字背后的价值取向、精神母题和文化传承。文化作为人类物质活动的产物和精神活动的结晶，从一开始就与语言结下了不解之缘。文化论视域下的诗意语文，对文字的文化意味自有一种特殊的敏感和追寻。如《江雪》中的"钓"，从表面上看，钓是钓鱼，一个物化的现世意象。但从文化的角度品味，则"钓"是"不钓之钓"，渔翁之意岂在"鱼"？在这里，"钓"是一种独善其身的宣告，一种静观其变的智慧，一种东山再起的抱负，一种无所畏惧的气度。一个"钓"字，承载着多少中华文化的基因。

总之，诗意语文当是这样一种存在：它在教学中追求思想的力量，但对于仅仅以某种抽象的思辨抵达思想，它说——不；它拒绝冷漠和麻木，它的展开充满感情，但对于只把这理解为直白地宣泄某种情绪和社会意识，它说——不；它的呈现方式以具象为旨趣，但假如具象只意味着对现象的简单还原，它说——不；它的各种教学要素总在特定情境中，但对游离于语言文字的种种渲染和演绎，它说——不；它复活言语的内在之气，但声音的表现倘若只被加以机械的操练和刻板的模塑，它说——不；它是文化的，但对文化所作的任何形式的宏大叙事和过度诠释，它说——不。

（四）彼岸——诗意人生的引领和确证

潘新和先生指出：语文教育的极境，当是诗意人生的教育。诗意人生，就是指充满"诗意"的言语人生。诗意人生的引领和确证，是一个无限开放、生生不息的过程，它对诗意语文的跋涉和奋进，更多地展现出某种彼岸的意义。

1. 止于至善乃是诗意人生的情怀

诗意，滋生于悲天悯人的情怀。从某种意义上讲，诗意语文是一种"宗教"。人性中最美好的一切，皆始于对生命、对自身、对他人的关爱和怜惜。诗意语文，正是要依托和借助一切"不朽的文字"，在童年时期为学生培植"善根"，为他们的人生涂上一抹温暖的底色。安徒生的《卖火柴的小女孩》，借小女孩之手，一次又一次擦亮火柴，在茫茫黑夜中为世人燃起的就是悲悯之火；杏林子的《生命 生命》，以飞蛾的鼓动、种子的冲破和自己心跳的律动，在我们精神的家园里播撒了敬畏生命、珍惜生命的良善之种。诗意语文，就是要使学生学会悲悯，学会怜惜，关爱生命，拥有一颗利他、向善的美好心灵，使人生的孤苦和伤感变成蕴藉温婉、缠绵悱恻的感动。

2. 自由对话乃是诗意人生的诉求

叶秀山先生在分析海德格尔的"人诗意地栖居在大地上"时，指出"诗意的境界"实乃"自由的境界"。生命的自由，表现在主体自由、社会自由和个性自由，无论何种自由形态，它都首先要求人成为一种独立的、具有完整人格的主体。正如雅斯贝尔斯所言："所谓教育，不过是人对人的主体间的灵肉交流活动，包括知识内容的传授、生命内涵的领悟、意志行为的规范，并通过文化传递的功能，将文化遗产教给年轻一代，使他们自由地生成，并启动其自由天性。"诗意语文，是人与人之间的精神的自由对话。因其自由，思想即为独立、情感即为自主、意志即为能动。因此，诗意语文的首要任务就是倾听学生自己的思想、情感和意志，诗意语文追求的学习氛围是自由、自然的氛围，诗意语文致力于培养的是具有自由品质的人。

3. 精神契合乃是诗意人生的澄明

诗意的境界，是一种"感时花溅泪，恨别鸟惊心"的境界。徐复观先生说过："真正好的诗，他所涉及的客观对象，必定是先摄取在诗人的灵魂之中，经过诗人感情的熔铸、酝酿，而构成他灵魂的一部分，然后再挟带着诗人的血肉以表达出来，于是诗的字句都是诗人的生命，字句的节律也是生命的节律。"诗意语文，正是这种人与人之间的精神契合，是"我"与"你"的对话与敞亮。这种契合，是包括学生、教师、文本、作者在内的各自的精神被深深地卷入、沉浸和交融，是用生命阐释生命的意义，建构富有独特个性的生命化理解，创造精神领域的共识和同在。

4. 追寻幸福乃是诗意人生的境界

诗意是一种不为外力所迫的自由自在，因此也是一种幸福的境界。赵汀阳先生指出，幸福要有"双重关注"，既关注结果的价值，也关注通向结果的行动的价值。《世说新语》载：王子猷居山阴，夜大雪，眠觉，开室命酌酒，四望皎然。因起彷徨，咏左思《招隐》诗，忽忆戴安道。时戴在剡，即便夜乘小舟就之。经宿方至，造门不前而返。人问其故，王曰："吾本乘兴而行，兴尽而返，何必见戴？"子猷虽未见戴，但"乘兴而行，兴尽而返"不正是一种深刻的幸福体验吗？诗意语文之诗意，重在对话过程中的欣赏和体验，这一过程，恰似"山阴道上行，山川自相映发，使人应接不暇"。人只有在天真烂漫的创造性活动中实现自己的生命追求，才是真正幸福的。

5. 实现自我乃是诗意人生的灵魂

诗意体验是一种生命的高峰体验。自我实现的人常常伴随着这样的高峰体验。"采菊东篱下，悠然见南山"是一种高峰体验，"孤帆远影碧空尽，唯见长江天际流"是一种高峰体验，"大家赞叹着，议论着，唯一没有任何反应的是他自己。他好像和游鱼已经融为一体了"更是一种高峰体验。诗意语文，就是要努力使学生在语文学习中获得高峰体验，在当下实现自我。从目的上看，诗意语文并不局限于语文知识的掌握、语文能力的发展、语文习惯的养成。因为知识、能力、习惯毕竟是外在于生命的东西，是人认识和改造外部世界的工具。诗意语文，更为关怀的是在引领学生掌握知识、发展能力、养成习惯的过程中，启迪其智慧、陶冶其性情、温暖其心灵、充盈其精神，达成生命的自我实现。

余　韵

教室里正在上《丑小鸭》。课近尾声，全班同学用投入的朗读抒发着丑小鸭成为美天鹅的那份陶醉和幸福。这时，一个孩子站了起来："老师，我觉得丑小鸭没什么可高兴的！她本来就是从天鹅蛋里孵出来的，那她长大了自然就是一只天鹅嘛。"是呀！鸭蛋怎能孵出天鹅？教室里的空气顿时凝固了。漫长而又短暂的等待，静默。我沉吟着，继而微笑相对："是呀，丑小鸭是天鹅蛋孵出来的，她没有理由不成为天鹅呀！"孩子们有随声附和的、有会心一笑的、有托腮沉思的。我又若有所思地轻轻问道："但是，假如丑小鸭在成长中没有离开鸭妈妈、没有越过篱笆、没有对大鸟飞天的向往，那么，孩子们，你们想一想，丑小鸭能成为一只真正的天鹅吗？"一石激起千层浪，随着孩子们的自由讨论，课堂进入了一个新的高潮。是的，丑小鸭的成长，无关乎外形的健硕、羽毛的光洁、模样的俊朗。那是一种自信的气质、飞天的胸怀、贵族般的精神气象。

真正的天鹅?！是的，丑小鸭的全部意义和价值在于她的成长过程逻辑地蕴含了"成为一只真正的天鹅"。而这，既是童话本身的诗意，也是语文教育的诗意——"让人成为真正的人！"

苏霍姆林斯基的教育充满诗意，他的诗意正源自这样的教育梦想："培养真正的人！"他说，你作为一个人生了下来，但要成为一个大写的人。真正的人要有一种精神——人的精神，这种人的精神会在信念与情感、意志与追求之中，会在对待他人和自己本人的态度上，会在分明的爱与憎，在善于看到理想并为之奋斗方面表现出来。

我们怀着对生命的敬畏和尊崇，以热切而理性的思索努力追寻着语文教育的本真：培养真正的人，培养具有"人的精神"的人，培养具有和谐的、多方面精神生活的人。

这是诗意语文的最高境界，也是我的语文教育之梦。

吴正宪

数学特级教师，国家督学，现任北京教育科学研究院基础教育教学研究中心小学数学室主任。曾获"全国模范教师""全国'两基'工作先进个人"及北京市"人民教师奖"等荣誉称号，并享受国务院政府特殊津贴。著有多部教育著作和教育丛书，如《吴正宪与小学数学》《小学数学课堂教学的智慧与策略》等，并主持多项教育部教师培训项目，在全国引起强烈反响。

创造"好吃又有营养"的小学数学教育

我一直认为，儿童数学教学面临的最大问题是孩子感受不到童年数学学习的兴趣和快乐，缺少学习的自信。我们常常以成人的眼光规划严谨系统的数学课程，并以自己多年习惯了的教学方式将数学"成人化"地呈现在孩子们的面前。课堂上对孩子的"奇思妙想""异想天开"并没有足够的在意，忽视了儿童的心理特点和学习规律，影响了儿童创造性的发挥。

成年人有责任创设儿童学习的生态环境，激发他们对于学习的兴趣，引导他们在"好吃"中享受"有营养"的数学。我们的经验表明，高质量的数学教育就是引导孩子在童年学习中充满好奇与求知欲，让他们拥有对数学学习的良好感受和丰富难忘的数学活动体验，经历刻骨铭心的数学学习过程，从中获得数学知识技能，数学思想和方法，有滋有味地学数学、做数学，并应用逐步养成的数学思维来认识和解决学习与生活中的实际问题。

一、坚守"有营养"的数学教育

"教书育人"是数学教育的使命与责任。随着课程改革的不断深入，我们对数学教育的价值有了更深刻的理解和感悟。数学教学不仅仅是教学生会计算、会解题、会考试，数学思想和方法的掌握，智慧的启迪，潜能的激发，人格的培养，同样要重视，以使数学教学由单纯的数学学科走向丰富的数学教育，达到促进学生全面发展的目的。

"有营养"的数学使学生在学习数学知识的过程中获得终身可持续发展所需要的基本知识、基本技能、数学思想方法、科学的探究态度及解决实际问题的创新能力。

数学不仅是"研究数量关系和空间形式的科学"，它还是一种思维方式，一种理性精神，一种科学态度。数学与人类发展和社会进步息息相关，随着现代信息技术的飞速发展，数学更加广泛地应用于社会生产和日常生活的各个方面。数学作为对于客观现象抽象概括而逐渐形成的科学语言与工具，不仅是自然科学和技术科学的基础，而且在人文科学与社会科学中发挥着越来越大的作用。特别是数学与计算机技术的结合在许多方面直接为社会创造价值，推动着社会生产力的发展。这既是数学的基础价值，也是引导孩子学好数学的重要原因。

关注数学教育的思维训练。数学学习不仅仅是知识的获得，更重要的是培养学生的思维能力，掌握学习数学的方法。数学中的比较、分类、归纳、推理、抽象、概括、符号化……培养了人的逻辑思维能力和对事物主要的、基本属性的准确把握能力。由此可以看到，数学为人们提供了特有的、具有典范意义的思维方式，这种思维方式对于从事各种职业的公民在自己的岗位上获得成功与发展都是重要的智力保障。人们日常工作的思维方式和处理问题的能力不是与生俱来的，而数学在培养人的思维方面有它特殊的地位和作用。

关注数学教育的思维价值，培养学生学习数学的科学方法，我们必须坚守数学教学的规律，坚守儿童数学学习的规律。要善于引导学生在观察、实验、猜测、推理、验证与交流的数学活动中，有机会真正经历"数学化"，获得数学思想和方法。以数学知识为载体，培养学生思维的深刻性、灵活性、批判性、全面性，使学生会思考、长智慧。

那么如何根据小学生的认知规律和思维特点来培养思维能力和思维方式呢？以"乘法分配律"教学为例：

教师首先引导学生在熟悉的生活情境中通过信息筛选、整理，提出有效的数学问题，进而用数学算式来表达：

（3+7）×8=3×8+7×8

（15+11）×2=15×2+11×2

（60+40）×9=60×9+40×9

（13+7）×10=13×10+7×10

……

提出问题和发现问题的能力是创新思维的基础。在提出的众多问题中，教师引导学生抓住核心问题组织讨论。留给学生充分的思考空间，让学生积极参与，特别是鼓励算法多样化，思考方法多样化。让学生充分表达，把自己的思考说出来。让学生"讲"数学是非常重要的，在"讲"的过程中促进理解。在这个过程中，学生可体会一些重要的思维方法，包括猜想、验证、推理、抽象、概括、建模等。学生在众多不同情境的问题中发现了重要的数学规律，即：两个数的和与一个数相乘，可以先把它们与这个数分别相乘，再相加，结果不变。这叫作乘法分配律。最后孩子在不同的表示方法中不断地抽象出下面的模型，体会和感悟着数学建模的过程，与此同时对"符号化"也有了初步的体验。

（○+□）× △ = ○ × △ + □ × △

$(a+b) \times c = a \times c + b \times c$

尝试、猜想、推理、发现、抽象、概括结论的过程就是学生体验数学建模的重要过程。这节课以数学建模为主线，一步一步地开拓学生的思维，让学生充分地表达、交流，同时教师充分地与学生对话，与学生产生共鸣，因此学生的思维异常活跃。这节课的一个基本特点就是，学生在自主建模的过程中发展了数学思维。由此看到学习不是老师灌输的，而是学生自己独立思考、合作交流、主动发现的参与过程，也是培养学生数学思维的过程。这种数学思维的培养可以促进学生的举一反三。从这个意义上来讲，学生获得的不仅仅是知识技能，还拥有了发现和提出问题的乐趣及分析和解决问题的能力。

数学教育的终极目标应放在人的培养上，追求数学教育的思维价值与实际应用价值的辩证统一，应该成为数学课程改革以及数学教育发展的基点，所以数学教育是学生教育中不可忽视的一项重要内容，对于促进人类社会的发展起到不可替代的作用。

关注数学教育的人格培育。数学不仅是"研究数量关系和空间形式的科学"，它还是一种思维方式，一种理性精神；数学教学不仅仅是 1+1=2 这种单纯的知识技能传递的教学过程，还是一种展示人类理性探索求知精神的潜移默化的教育影响过程，是一种完善人格的教育过程。数学教育要教人做真人，让学生懂得去伪存真；数学教育要教人守规则，让学生懂得自律；数学教育要教人敢承担，让学生懂得责任；数学教育要教人不怕困难，让学生拥有意志；数学教育要教人会自省，让学生懂得反思。在这样的理念支配下，我们所追求的就不再是"以分数高低论英雄"，而是在"为保护学生成长利益负责"这样一个大目标下处理数学教学中的问题。

我们不能把学生看作是容纳知识的容器，"我讲，你听，填满为止"。我们要充分认识到学生是有情感、有思想、有个性、有差异、有独立人格的人。我们既要把小孩子当作大人那样去尊重，又要把小孩子当作小孩那样去理解、宽容、善待。尤其是让学习暂时有困难的孩子能看到前行的亮光和希望，有自省自悟的空间，有重新跃起的机会。我们要根据小学生的认知规律和数学学科教学规律进行教学，要善于激发孩子对数学学习的喜爱和自信。我们要用心灵去感悟心灵，用人格去影响人格，用智慧去启迪智慧，为学生可持续发展注入后劲，增添活力，奠定基础。

数学教学是科学，要让学生拥有科学的头脑和理性的思考，教师要以人格力量和理性精神去影响感染学生。"诚实守信、遵守规则、坚守责任、拥有毅力、反思自省"是数学教育的重要使命与责任。

数学教学是艺术，要让学生拥有对数学学习的执著追求与热爱，教师要以"好吃又有营养"的数学教育观去影响感染学生，让学生拥有对数学学习的美好体验，从中感受数学"严谨的科学美、辩证的哲理美、神奇的规律美、绝妙的逻辑美、简洁的形式美、一目了然的直观美……"，进而唤起学生对数学学习的信心与期待……

从数学学科走向数学教育是数学教学进步的标志，正是这种进步让我们的数学教育更具有吸引力和感染力。

二、创造"好吃"的数学教育

国家数学课程标准提出"让每一个孩子都能获得良好的数学教育"，这正是我们的追求。教学中教师要重视激发儿童学习数学的好奇心和求知欲望，让他们有机会经历刻骨铭心的数学学习过程，拥有对数学学习的良好感受和丰富难忘的数学活动体验，从中获得数学知识技能、数学思想方法及数学活动经验。所以我们要给孩子们创建"好吃又有营养"的数学教育环境。

"好吃"的数学就是把有营养的数学烹调成适合孩子口味的数学，孩子们喜欢的数学，爱学的数学，乐学的数学，能学的数学，就是能给孩子们良好数学感受的数学。一句话，就是孩子们喜欢的数学，孩子们需要的数学！献给孩子们"好吃"的数学就必须改变我们已经习惯了的教学行为，真正读懂学生、读懂属于学生自己的课堂。好吃有营养的数学一定是有后劲的，是可持续的！这样的数学教育才是孩子们喜欢和需要的。

1. 平等尊重，打造适合学生学习的数学

儿童是活生生的人，同成人一样具有独立的人格，有被尊重、理解、友善、宽容的需要。儿童是发展中的人，既有潜力又尚未成熟，教师要注意开发挖掘学生的潜能，又要包容学生的错误，并将错误作为教育资源促进学生的发展。儿童是学习的主人，唯有参与学习过程才能够获得深刻认知、技能与情感发展。

因此，我认为教师要设法调动儿童自主参与学习过程，激发儿童学习的兴趣、好奇心和自信心，启迪儿童的智慧，培养学生良好的学习方法和习惯，最终实现教育目标。

还记得在教学《平均数》一课时，我出示一幅北京五一期间自然博物馆售出门票的统计图，请同学们估计一下，平均每天售出门票大约多少张？"1000张""1100张""900张""1500张"……同学们迫不及待地报出自己的估计，我微笑着不动声色，请同学们用自己喜欢的方法进行验证。很快，结果出来了，平均每天售出门票1000张。这时，我拿着话筒来到估计1500张的那个小男孩面前："请你去问问，看看其他同学是怎样估计的。"被采访的是一个扎牛角辫的小女孩："五一期间售出门票最多的是1300张，最低的是700张，所以平均数肯定在700～1300之间。我又看到图中的数据大多和1000比较接近，所以我就估计是1000张。"我转过身来，摸着小男孩的头说："听了刚才这位同学的发言，你有什么感受？"憨厚的小男孩摇摇头，不好意思地说："人家估计的都在里边，我估计到外边去了。"我充满感情地说："我非常羡慕一开始就一次估计对的同学，你们很了不起；但我更佩服身边的这位小男孩，虽然第一次他估计到'外边'去了（有意识地借用了儿童的语言），但是他能在和同学们的交流中接受大家的意见，调整自己的思路，能够进行自我反思，这是一种很好的学习习惯，是一种可贵的学习方法，我们都应该向他学习。"小男孩很激动，他并没有因为自己的出错而尴尬，反而在错误中获得了新的学习感悟。

真正做到读懂每一个儿童并不容易，真正发自内心地尊重每一个孩子更不容易。因为我相信，"爱的核心是尊重，尊重儿童是更高层次的热爱、教育和保护"。正是用这种爱和尊重，才能创建师生、生生平等的氛围，让学生感受数学的好玩与神奇，唤起兴趣，点燃学生的求知欲望。唤起兴趣是引导学生学习数学的第一要务。小学生的年龄特点和心理特征决定了他们学习行为的前提是"有趣的我才喜欢学"。教师要满腔热情地保护好奇心这颗"火种"，小心翼翼地去呵护学生的求知欲。教师要关注孩子的情感体验、行为体验，尊重每一个孩子的个性品质，鼓励学生用自己的方法诠释数学意义。"好吃的"数学可能不那么"严谨系统"，但是只有属于孩子们自己的数学才是最美的数学。"好玩的"课堂可能不那么"尽善尽美"，但是只有属于孩子们自己的课堂才是最有魅力的课堂。

学生数学兴趣的激发、保持、升华，不仅仅依靠数学学习中外显形式的调动，最终还要转化为被数学知识学习本身的魅力吸引，形成深层次的内隐的兴趣，这样的兴趣才能持久、有活力。所以在数学学习过程中教师要通过多种手段让孩子体会数学学习的魅力。有魅力的数学一定伴随着孩子千奇百怪的问题，孩子在发现问题、提出问题的过程中亲自尝试解决问题，在挑战中实现自我的突破，体会到自我价值的实现。有魅力的数学会伴随着学生的探究和发现，在探究中会有成功，也会有失败，正是在这种成功和失败的交替过程中，学生体验到数学学习的真正的魅力。这样的数学学习是学生自己真正体验到的，是别人替代不了的，正是这种深刻的学习体验，使学生逐渐形成持久的学习的动力。

我们不仅关注表层的兴趣，更要关注学生内隐的兴趣。我们认为只有儿童获得对学习数学的积极期待才会产生丰富的想象力和创造性思维，产生探究数学的欲望，产生愉悦而富有成效的学习体验，才能形成"想学—爱学—学会—会学"的良性循环。这样的兴趣才是有力量的，是学生持久发展的不竭动力，所以我们说兴趣是学生成长的根。

2. 贴近生活，与生活实际紧密联系的数学

学习有意义的数学就是引导儿童对于生活中的"数学现象"进行"重新解读"。课程规定的数学知识，对小学生来说并不是"全新的知识"，在一定程度上是一种"旧知识"。其实，儿童的数学体验早就有了。上学之前，他们跟随父母一起乘车、购物，知道几时起床，几时上学；还知道物体的长短、大小、轻重、形状；搭过积木，拼过七巧板……这些经历使他们获得了对数量和几何形体最初步的观念，虽然这些概念或观念可能是非正规的、不系统的、不严格

的，甚至是错误的，但是恰恰就是这些亲身体验为他们开启正规的数学学习奠定了重要的基础，这些学前积累下来的生活经历，会在小学阶段的数学学习中被"重新解读"。比如学生在学习"年、月、日"之前已经知道"我今年过生日到明年过生日正好是一年"，"爸爸这个月领工资到下个月再领工资正好是一个月"，多好的解读！孩子们把十分抽象的时间观念，通过自己的切身经验活生生地"物化"了出来。

在数学学习中教师要通过身边熟悉的现实生活，帮助学生逐步学会数学地思考，发现和得出数学的结论，感受数学知识的产生和发展过程，使学生感受到身边处处有数学，激发学生对数学的亲切感，培养学生用数学的眼光观察生活的习惯和意识。同时我们又要引导学生把学到的数学知识运用到解决生活实际问题中去，引导学生开展数学实践活动，做到学用结合，使学生体验数学在实际生活中的价值，从而更加热爱数学学习。

3. 注重交流，分享学习过程的数学

课堂上看过这样的场面：老师喋喋不休地讲解，以为讲的知识越难越深，水平就越高。殊不知课堂上还有一些"听天书"的学生，也许眼睛直直地盯着老师，脑子却是一片空白；也许思想开小差，早已游离课堂。当学生无法承受学习压力时，选择的路只有一条——逃避，即："听不懂—厌倦—放弃"。

我们认为：小学生的数学学习内容要贴近儿童实际，教学方法要符合孩子的认知规律。要用"熟悉"的解释"陌生"的，用"具体"的理解"抽象"的，充分关注儿童个性化的学习需求，鼓励学生用原生态的甚至是有些粗糙的语言诠释自己对数学意义的理解。使"板着脸"的严肃数学变得有趣而鲜活；使"抽象乏味"的学习变得"好吃又有营养"；使"一言堂"的数学课堂变成师生互动交流的"群言堂"；真正让小学数学从抽象、严谨、枯燥的形式中解放出来，使学生的学习权利得到保护，教师成为学生学习中的一员，由师生对话转换为师生、生生的平等交流，这样的学习才能最大化地激发学生学习的潜力。

例如在教学二年级《两步实际问题》时，我出示了这样一个画面：图上有

3 个跷跷板,每个跷跷板上有 4 个小朋友。又跑来 7 个小朋友。问题是:一共有多少小朋友?老师在引导学生说完图意后,让学生试着自己解决问题,然后老师引导学生进行交流:

生:我用画线段图的方法帮助自己来理解。列式是 12+7=19(人)。

生:我是这样想的,3 个 4 是 12,再加上 7 个同学,一共是 19 人。

生:我用画图的方法帮助理解,列式和他的一样。

师:第一位同学直接用 12 加 7,后两位同学用 4×3 来代替,这是为什么? 4×3 表示什么意思?

生:4×3 表示每个跷跷板上有 4 个小朋友,求 3 个跷跷板上有多少个小朋友。

生:12 在题目中没有,我们就得用 4×3 求出来,再进行计算。

师:虽然这三位同学的呈现方式不一样,但都能解决问题。还有不同的方法吗?

生:我列的算式是 4×4+3 =19(人)。

生:我的算式是 5×4-1 =19(人)。

在整个教学过程中,老师让学生走上了前台,自己退到了幕后,给学生自主开放交流的空间,由此生成了不同思维层次的各具特色的多种方法。在方法生成之后,老师重在引导学生进行方法的交流,使学生在差异中共享。教师抓住学生的精彩并使之扩大,成为大家共享的精彩,突出了解答两步实际问题的方法和策略。整个过程共展示了五种有着不同思维层次的方法，使学生在展示方法的过程中激活思维，突出对乘法意义的理解，突出运算顺序，突出解题策略的多样化，突出评价对学生的激励、导向作用，这样的课堂才是适合孩子需要的，学生真正成为主人的课堂。

所以在数学学习中教师要创造平等的交流分享环境，把自己作为学生中的一员，让学生在交流分享中获得更丰富的数学体验，使数学学习走出王宫，走下金字塔，走向生活，走向大众。

4. 动手操作，鼓励解决实践问题的数学

学生的思维是在有效的数学活动中发生、发展的。孩子在亲自参与的操作实践活动中不断地积累活动经验，提升观察、试验、猜测、验证及推理概括的能力，从而理解和把握基本的数学知识技能、数学思想方法，以达到发展思维之目的。

小学生喜欢动手做，在做中获得体验与理解，教师应鼓励学生积极动手实践。例如《三角形内角和》一课，学生是如何获得"三角形内角和是 180°"的结论的呢？课堂上有的学生用量角器分别测量三个角的度数，再累加起来；有的学生把三个角分别撕下来拼在一起，组成一个 180° 的平角；还有的学生则把三个角分别对折，同样可以形成一个 180° 的平角……孩子们带着好奇和猜想自由地操作着，在动手实践中验证着自己的猜想，最终通过"看得见、摸得着"的实物获得"三角形内角和是 180°"的结论。动手操作活动不仅满足了孩子的好奇心，提高了他们的学习兴趣，而且体现了儿童学习数学需要一个内化的过程，即由感知到表象再到抽象的认知过程。

在教学《三角形的面积》一课时，我放手让学生自己推导出三角形面积的计算方法。由于有了较大的操作空间，孩子很快地进入自主探究之中。有的学生用两个完全一样的三角形拼成平行四边形或长方形。

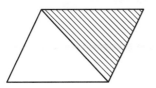 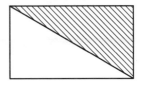

有的学生则用一个三角形，通过割补转化成了不同的图形。

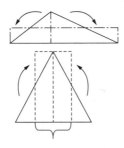 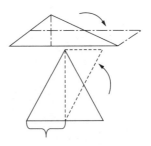

　　孩子们很有兴致地折着、画着、剪着……三角形面积公式就在孩子们的动手操作中产生了。在推导过程中孩子们经历了"直观动作思维—具体形象思维—抽象逻辑思维"的过程。同时思维也随着活动的深入而得到发展。"动手操作的"数学是小学生需要的数学学习。它是以数学思维为核心的脑活动与动手操作的有机结合，可促进学生的思维发展。

　　总之，课堂教学中不仅有知识的交流，还有学习方法和学习习惯的获得，有情感、态度、价值观的体验。课堂教学是师生生命重要的交往历程，课堂是师生用心对话、真情互动、教学相长的过程，课堂教学中教师要用良好的人格影响学生。课堂应该是鲜活的，课堂应该是充满生命活力的，课堂应该是儿童们幸福成长的乐园。

　　从数学教学走向数学教育是社会发展的需要，是学生成长的需要，我们要不断地去实践探索，努力行走在数学教育的路上。

薛法根

中学高级教师，小学语文特级教师。先后获得"江苏省首届名教师""江苏省优秀教育工作者""全国模范教师""中国十大小语年度人物"等荣誉称号。1988 年从教以来，扎根乡镇教育，潜心语文研究，原创"组块教学"，主张"为发展学生的言语智能而教"。《卧薪尝胆》《爱如茉莉》等经典课例广为传颂，讲学足迹遍及大江南北、长城内外。《呼唤智慧的语文教育》等 200 多篇教学论文刊登于《人民教育》等教育期刊。

为言语智能而教

——我的小学语文组块教学研究历程

一个人的教学思想不是一蹴而就的，更不是凭空产生的。教学思想是从一个人的教学实践中潜滋暗长出来的，从朦胧到清晰，从浅显到深刻，从随性到自觉，从零散到系统……展现的是一个人在教学中慢慢成熟、渐渐成长的轨迹。

一

1988 年，我从无锡师范学校毕业，踏上工作岗位，任教三年级语文。依稀记得同年级任教的是几位老教师，尽管学历不高，教学也并不出名，然而他们那种踏踏实实工作的敬业态度着实令我叹服。他们信奉"功夫不负有心人"，课堂上没有讲深讲透的，学生一时没有掌握的，他们常常利用课余时间补讲，尽管被人戏称为"堤内损失堤外补""磨洋工"，但他们就是雷打不动，极其耐心地反复讲解。对于班级的后进生，更是舍得花力气，对那些顽皮偷懒的孩子，就采取"盯人"战术帮助孩子"削枝强干"，因而他们所带的班级并然有序，学生的学习习惯和学业成绩都令家长刮目相看。这样的教育似曾相识，我生在农村，亲见农民对土地、对庄稼的炽热情感和辛勤付出。他们没有太多的科学知识，仅有朴素的耕种常识，然而却凭着勤奋、凭着耐性，种出了一茬一茬的好庄稼，收获了一个一个的好季节。

从这些老教师身上，我看到了农民般朴素的教育智慧：农民相信每一棵庄稼都能生长，都能结出饱满的果实，绝不会抱怨庄稼长得慢、结果少，而只会从自身寻找原因。那些老教师的内心深处也一定有这样的教育信念：每一个孩子都有做好孩子的愿望，每一个孩子都有学好的可能！于是，他们才会像农民一样，不辞辛劳地把一腔热情洒在了孩子身上。每天来得最早的是他们，回家最晚的还是他们。我们的老校长常常要到办公室一个一个地催促他们回家，这样的情景我至今还历历在目。一如农民对土地的深情及对庄稼的信任，我们唯有无限相信每一个孩子都有成为好孩子的可能，才能在内心深处扎下教育的信念，才能具有真挚的教育情怀，才能产生教育的智慧和力量。

从教之初这段"磨功"，也消除了我初登讲台时的那种高傲与急躁，静下心来，安然地过着教育的日子。的确，教育就是和孩子在学校里一起过日子，语文老师就是和孩子一起过语文的日子。无须天天"山珍海味"，就是每日的"粗茶淡饭"，恰能滋养人。习惯、修养、书卷气，便在不知不觉中潜滋暗长，就如庄稼一样，你每天细看，看不到它的变化，然它却在悄悄地生长。这样的日子里，每一节语文课，便显得从容而淡定，不需要太多的精雕细刻，不需要太多的精彩纷呈，静静地听、说、读、写，让孩子对语文、对语文老师日久生情，而非一见钟情。我常常想：假若没有这样一段让人沉静的经历以及儿时母亲的劳作熏陶，就不会有后来这20多年"板凳要坐十年冷，文章不写一句空"的执著与耐力。说到底，教师本身就是一本大写的书，他不仅仅是用学识教书，更是用他整个的心灵育人。

语文教师，莫不如此！

二

1988 年 10 月，学校与吴县东山实验小学、昆山蓬朗中心小学开展友好学校交流活动，指定我上一节公开课。这是我教学生涯中的第一堂公开课，上的是《喜鹊》。课文中对喜鹊的描写我读来深有感触，因为我在乡间常常见到喜鹊。然而城镇的孩子对喜鹊的了解往往停留在书本中、图片上、电视里，没有那种自然的亲切感，朗读时就很难读得入情入境。于是，在一个星期的备课过程中，我常常留意小河边、田野中有否喜鹊的身影，树梢上有否喜鹊的巢。恍惚中，耳边似乎响起喜鹊的喳喳声，却是过度用心所出现的幻觉。我终究没有找到喜鹊的一点儿踪迹，然课却上得很成功，尤其是我用描述儿时情景并进行示范朗读，把学生带入了乡村的田野之中，学生读得声情并茂，获得了一致的好评。我知道，如果你能集中所有的心思，专注于你所要解决的教学问题，就一定会不止有一个办法。教学，需要的是你全身心地投入；心无杂念，凝神静气，就会慢慢渗出你的教学灵感来！

课后，时任吴江市小语教研员的周建华老师交给我"视听训练"的研究任务。在两年的实践研究中，我借助"视听训练"教材，选择学生喜闻乐见的各类故事、美文，绘制精美的幻灯片，录制配乐朗诵，每周给中年段的学生上一节"视听课"。由于内容新鲜、形式活泼，学生学得极其主动，听说能力也得到了明显提高。经过"视听训练"的学生，耳朵变得特别灵敏，对语言特别敏感，语文课堂上更善于观察与倾听，并且更善于想象、思考与表达。显然，语文能力是需要专业化训练的，没有科学的"视听方法"与系统的"视听训练"，学生的"视听能力"就始终处于原始的朦胧状态。我们的语文教学理应着力于学生的语文能力生长，在"训练"上下功夫。只要是合乎学生语文能力生长规律的科学训练，就能真正促进学生的能力发展。有人一提"训练"便以为是"题海战术"，是"机械作业"，实际上是对"训练"的误解与误导。语言是一种交际工具，要掌握并熟练运用语言这种特殊的交际工具，非有科学而有效的训练不可。任何技能、能力都不是凭空产生的，都需要经历一个从不会到会、从不能到能、从不熟练到熟练的过程。听说读写的语文能力正是在一步一步扎扎实实的训练中形成并发展起来的。"题海战术"是教育功利主义思想下的产物，是对"训练"的异化，我们应该保持一份警惕，然"训练"却不能随意从教育的词典中删除。

在"视听训练"实验中，我强化了"语文教学要着力学生的语文能力训练"的意识，"训练"一词便在我的教育词典中扎下了根。

三

1990年11月，我校举办了江浙沪两省一市教育整体改革研讨会。学校推荐我承担了其中一堂作文课——景物描写：织女塑像。当时，我踌躇满志，精心设计教案，反复试上推敲，自以为万事俱备只欠东风。谁料想，在课堂上，平时伶牙俐齿的学生却呆若木鸡，把我晾在了讲台上。我就像个拙劣的导演，自说自演。课上砸了！面对这堂"非常失败"的公开课，我难过得几天吃不下饭。老校长对我说："记住：你是在什么课上跌倒的，你就必须在什么课上站起来！"当时，作文教学还是一个大家不敢轻易尝试的"禁区"。特级教师也极少上作文公开课，都认为作文课无法了解学生，无法把握课堂，心中没有底。作文教学的新路在何方？鲁迅先生说得好，"世上本没有路，走的人多了，也便成了路。"我想，正因为没有路，才值得去探索着前行，在没有路的地方走出一条路来。幸运的是，当时我校聘请了华东师范大学杜殿坤教授、上海师范大学吴立岗教授为学校的教育科研顾问。两位专家听了我的课，鼓励我将这个"写实作文题"做下去。我拜两位专家为师，成为他们的"编外研究生"。在他们的指点下，我确定将"素描作文教学"作为自己的研究课题，迈开了语文教学研究的新步伐。可以说，没有这次"非常失败的作文课"，没有跌这一跤，也就没有这个课题，自然就没有了以后的成功与发展。其实，教学实践中遇到的难题、困惑就是最有价值的研究课题。

"素描作文"，就是像素描写生一样，将所见的景物、事件如实地、生动具体地描述出来。这是小学中年级学生作文基本功训练的必修课。"素描作文教学"是吴立岗教授从苏联引进到我国语文教学园地所开出的一株"奇葩"，而我则是将这株"奇葩"移植到自己的作文花园里。因此，我努力学习"素描作文教学理论"，认真琢磨"素描作文教学的代言人"——贾志敏老师的每一堂录像课，从中提炼出作文教学的技巧和要领。我还在自己的班级里模仿贾老师的课，一节一节地上，细心体会每一个教学细节的精妙之处，揣摩贾老师点拨、评价、激励的语言艺术。渐渐地，我上课觉得有了底气，学生也有了灵气。毫不夸张地说，我的作文教学功底就是在这一堂堂模仿课中练就的。移植别人优秀的、成功的科研成果，虽然是一种简单的验证性的实验研究，但对于刚刚踏进教学和科研大门的青年教师来说，仍然不失为一条捷径，既能体验教育科研的过程，又可以夯实自己的科研基本功，还能缩短从教之初的适应期，取得明显的教学效果。

1993年，我在泰兴举办的江苏省"教海探航"征文颁奖大会上，上了一堂自己构思的素描作文课《奇妙的魔术》，赢得了在场听课的3000多名教师的一致好评，就连负责摄像的老师也连连夸奖说："我拍了十几年录像课，今天的作文课是最精彩的。"三年的验证性课题研究，使我有了一种脱胎换骨的感觉。科研，的确能改变一个人的思想，也能改变一个人的行为，只要你真正把它融入教学的每个细节里。

"素描作文"夯实了学生的作文基本功，其原理正在于科学的作文能力"训练"。"素描作文"涉及学生的观察能力、想象能力以及产生作文内容的能力、表达思想内容的能力等，而在表达能力的训练上，又有具体可以为学生所把握的方法与技巧。这样的作文训练，让学生有内容可写、有方法可用、有技巧可学，一课一得，得得相连，奠定了学生的作文底子。然学生习得的单项表达技能需要在真实的生活语境中加以综合运用，才能内化为学生自身的表达能力。

知识（包括策略性知识）得以运用才能转化为能力，而能力（听说读写的语文能力）在问题情境中才能转化为言语智慧。为此，继"素描作文教学"研究成功之后，我又构想了"课内素描作文、课外循环日记"双轨运行的作文教学新思路。所谓"循环日记"，即每组五名学生，共用一个日记本，每周围绕一个共同商定的话题，每天轮流用日记的形式写一篇作文，后一位学生在写前须阅读前一位同学的作文，并写上自己的阅读评语，然后再写自己的作文。如此循环，周一由语文老师进行综合阅览点评，并在班级里进行传阅交流。这样的写作方式让每个学生体验到了作文不仅仅是写给老师看的，还是进行相互交流的，在生活化的语言交际活动中获得了写作的内生动力：为交际而写。可见，语文只有在生活化的运用中才能体现其内在的价值，并促使学生获得比能力更为重要的言语智慧。

由此，我于 1993 年构建了"顺应儿童言语心理的三段式作文教学序列"，即低年段的童话作文、中年段的素描作文、高年段的生活作文。童话作文源于低年段学生形象思维占主导，旨在发挥学生丰富的想象力，自由而浪漫地用语言表达自己的情思；素描作文源于中年段学生处于观察能力发展的关键期，旨在培养学生的写实能力，夯实表达的各项基本技能；生活作文源于高年段学生的表达需要，鼓励学生运用作文表情达意，与人更好地交流。基于这样的作文教学认识，我在作文课堂教学实践中探索了"五三三式"作文教学新模式，即"五法""三课型"和"三步曲"。"五法"指以激发情感为动力，片段训练为基础，激发表象为中介，丰富生活储备为源泉，发展学生的言语交际功能为主线；"三课型"指读写迁移课、观察素描课、情境交际课；"三步曲"指写真、练实、用活。这一阶段的课题研究，就不仅仅停留在模仿和移植上，有借鉴、有融合，更多的是自己带着问题进行的新探索。相对于"交际"的"主动"来说，"训练"带有鲜明的"被动"色彩，而语文教学应站在儿童的立场上，核心是让学生成为语文学习的主人，带领学生经由"愿学、乐学、好学、勤学"，最终走向"独立学习"。当学生运用语文让自己的生活变得更加美好的时候，不但增强了学习的情感动力，而且获得了独立学习的智慧力量。语文教学的终极关怀，应指向学生的言语智慧。

四

1994 年 9 月，我参加了苏州市首届小学语文、数学骨干教师高级研修班，师从庄杏珍老师。庄老师曾经三次进京，在人教社编写全国小学语文教材，与叶圣陶先生、袁微子先生等共事多年，对语文教育有深刻而独到的思想。她提出的"语言的形象、形象的语言"道出了语文教学的要义：引领学生凭借语言获得形象，进而发展富有形象的语言。在语文教学上，庄老师对弟子们常常施以"严格的爱"。

一次，庄老师到学校听青年教师的课，刚巧抽到了我。当时我选上的是《十六年前的回忆》，为了给领导、老师留一个好印象，我查阅补充资料、设计电教媒体、推敲教学用语，着实下了一番功夫。其中有一个教学环节，要求学生写一段对李大钊的学习感言，我生怕学生当堂写不好，就让学生连夜回家作些准备。结果，课堂上，学生的感言写得激情澎湃，教学似乎达到了高潮。谁知在评课的时候，庄老师一针见血地戳穿了这个课前的"小把戏"：这是在上课吗？上课不能作秀，做人不能作假！一瓢冷水羞得我无地自容，也浇得我如醍醐灌顶：真实，是课堂教学的生命！从此，我拒绝虚假，走上了语文教学的正道。根治自身教学顽症最有效的方法就是在专家面前真实地展露你存在的问题，请他们毫不留情地给你做思想内源的"外科手术"，让你在"痛苦"中脱胎换骨！在课堂上，我不仅敢于暴露自己的缺点，在专家、同行的帮助下不断获得提升，也鼓励自己的学生勇于暴露学习中的不足，而后对症下药。

于是，对语文课堂教学中呈现的形式的虚假繁荣，我学会了用自己的眼睛去透视、去洞察：课堂教学，是教师与学生生活的另一种样式，而生活的意义与价值在于它的真实、本色。语文教学的价值就是要让学生经历从不懂到懂、从不会到会、从不能到能的学习过程，并在这样的过程中获得生命的成长。那种省略复杂的训练过程而只呈现精彩的学习结果的语文课，那种以部分优秀学生的发言掩盖其他学生学习真相的语文课，那种用游离文本的媒介煽情替代潜心感悟语言内涵的语文课……失却了真实与深刻，捧出的是一束束虚假的"塑料花"，艳是艳得很，却没有生命，没有成长的气息。于是，我们的学生对语文课渐渐地倦怠了，我们的教师也慢慢地变得庸俗了，不论是语言还是思想，都丝毫没有了本真的激情与奔放。一堂理想的语文课，不仅需要教师深厚的文化功底，更需要教师高尚的人格魅力。人，有人格；课，有课品。一个语文教师的人格魅力奠定了他的语文课堂的品位，课品如人品。而真实，是衡量人品、课品的基本准绳！

可以说，庄杏珍老师的谆谆教诲，让我从朦朦胧胧、自以为是的教学迷途中，走上了"正道"：语文之道，让我从此在任何时候都能从语文教学的本真出发，从儿童学习语文的规律入手，在"乱花渐欲迷人眼"的纷繁的教学现象中，在五彩缤纷的各色语文旗帜中，始终保持语文的本色，坚守"语文教学要着眼于学生的整体发展，着力于语言文字训练，着重于学生语文素质的内化"。

五

1998 年，我有幸被评为当时江苏省最年轻的小学语文特级教师。然而，面对语文教学中的沉疴，我常常感到束手无策。时任江苏省教育科学研究所所长的成尚荣先生曾经语重心长地对我说："作为一个特级教师，最重要的是要有自己的教学思想，要有自己的教学主张。你要看得远一些，更远一些！"的确，人创造辉煌只在一瞬间，但辉煌不只在一瞬间创造。对于语文教学，我仍然有太多的问题无法解答。新课程改革以来，小学语文教学研究呈现了生机勃勃的景象，但仍未从根本上解决语文教学"高耗低效"的难题，表现在三个方面：

（1）内容缺失。

长期以来，语文课程、教材未能解决语文课程内容与教材内容的问题，尚未形成科学的、可表述的语文学科内容结构。教学中内容繁杂，分不清学科界限、年段界限、主次界限，语文教师缺乏鲜活的、适切的语文知识。缺失适宜的语文教学内容必然带来语文教学的低效，甚至是无效、负效，也必然弱化语文教学的专业性。深入研究语文学科的核心知识，正确解读语文教材课文，重组、整合散落在文本中的语文知识，研制适合学生的教学内容，是破解语文教学"高耗低效"顽症的必由之路，也是提升语文教师专业化程度的快速通道。

（2）方法贫乏。

目前，语文教学习惯于"以文本内容学习带动言语能力培养"，强调学生的"感悟"，然未能就经验、思维、想象这些"感悟"的内在要素作学理的解析，没有提炼出具有普适性的教学方法与方式，难以应对不同的文本与不同的学生。其实，语文教学还应该探索另一条路，那就是"通过文本内容学习语文知识，进而通过训练提高言语能力"。核心是强调"习练"，授予学生的是语文学习的策略性知识，训练的是学生自主学习的语文能力与习惯。这一条路是清晰的、可把握的，是破解语文教学"高耗低效"的可行之策。

（3）收效甚微。

语文教学承载了太多的"使命"，因而头绪繁多，方向不明，不知为何而教，因而常常"种了人家的地，荒了自家的田"。语文教学应该以发展学生的言语智能为核心，走向综合的生活实践，让学生在实践中获得更为丰富的文化背景，生长出言语智慧，获得一生有用的东西——带得走的语文！

基于上述认识，我于1999年提出了小学语文组块教学的构想，试图实现小学语文教学内容结构化、方法科学化、过程最优化，突破"高耗低效"，创造适合学生言语智能发展的语文智慧教学。

组块教学采取"课例研究＋理论建构"的研究方式。一方面就个人典型的成功课例，进行深入的解析，做学理的研究，从中发现具有普遍意义的教学方法，并在此过程中逐步明晰组块教学思想，提升理论水平；另一方面将组块教学中的新思想转化为具体的课例设计，并通过教学实践进行验证、反思、改进，逐步完善自己的教学思想，丰富自己的教学实践。组块教学经历了三个阶段的研究：

第一阶段：2000—2004 年。在总结以往成功经验的基础上，借鉴相似理论、图式理论等，将"组块"这一心理学中的概念赋予新的内涵，原创性地提出小学语文组块教学实验构想，立项为江苏省"十五"教育科研课题。这一阶段的研究重在"语文教学方法和课堂教学结构"，倡导"简约"，追求"智慧"，提出了组块课堂教学的"简约之美"，从教学目标、内容、环节、媒介、评价等方面，体现返璞归真、大道至简的教学主张，形成了鲜明的教学特色和风格，推出了《卧薪尝胆》《螳螂捕蝉》等经典课例，出版了专著《薛法根教学思想与经典课堂》。

第二阶段：2005—2009 年。研究重心逐步转移到教学内容的研制和教学策略的选择上，"智慧解放理念下的小学组块教学实验研究"立项为江苏省"十一五"教育科研重点课题，提出了"组块设计、智慧教学"的新理念，着力于三方面的研究：

一是根据不同的文体，从不同文体、不同读法的视角，研制适宜的教学内容。重点研究了小说、散文、诗歌等的阅读策略及教学内容设计，并提出了基于组块原理的阅读教学和作文教学策略，具有很强的操作性。

二是变革备课方式，摒弃线性的环节设计，采用板块式设计。深入研读教材文本，提出了用三种眼光看教材的思想：从儿童的眼光来解读、用教学的眼光来审视、用生活的眼光来选择。并根据教材文本语言的三个层次（适合儿童现时交流的伙伴语言；适合儿童发展的目标语言；适合文学作品的精粹语言），发现文本中适合学生学习的语言要素，重组并整合成相应的语言学习内容板块，每个板块集中一个核心目标，设计多项教学活动，提高教学目标的达成度，从而提高教学效益。板块式备课使教学目标、教学内容与实际开展的教学活动实现了一致性。

三是课例的分类研究，将所上的《爱如茉莉》《我和祖父的园子》等典型课例按照文体进行归类研究，从中寻找该类文体的教学内容结构和研制策略；对同一文体的典型课例按照年段进行纵向比较研究，从中发现年段之间在教学内容、教学目标上的差异，建立合理的内容序列。

这一阶段的研究引起了诸多教育报刊的关注，《小学语文教师》等全国中文核心期刊连续发表了组块教学的相关成果。《小学语文教师》2008 年刊发组块教学研究中有效教学的五篇系列文章，引起较大反响；2009 年出版增刊《全国著名特级教师薛法根教学艺术专辑》。

第三阶段：2009 年始，组块教学将从儿童言语智慧潜能发展规律出发，探究语文教学内容的生成性和策略的适切性，实现"儿童语文的智慧教学"，奠定组块教学独创性的理论基础——"言语教学智慧论"。

六

2010 年，我在成尚荣先生的指点下，将小学语文组块教学十年的研究成果加以梳理，逐渐明晰了自己的教学主张，提炼了行之有效的组块教学方法与模式，也形成了自己的教学风格。

我的教学主张是：语文教学应以发展学生的言语智能为核心，走向生活、走向综合、走向运用、走向智慧。发展学生的智慧潜能是教育的价值追求，发展学生的言语智能是语文学科的独当之任。语文教学应该重视"双基"，但知识不等于智慧，技能也不等于智慧。语文教学必须超越知识和技能，走向智慧，建立在三根支柱上："鲜明的思想""活生生的语言""儿童的创造精神"。

小学语文组块教学是建立在学习心理学原理上的一种教学策略，即以发展学生的语文运用能力为主线，将散乱的教学内容整合成有序的实践板块，促进学生言语智慧的充分生长。组块教学中，教师将引领学生围绕语文核心知识或生活情境，选择、重组语文学习内容，设计、整合语文学习活动，变革语文学习方式，促进学生言语智能的充分发展和语文素养的整体提升。

组块教学的基本特点为：

（1）在内容上基于教材，植根于生活，将鲜活的生活素材融入课文、引进课堂，及时充实、调整、重组教学内容，具有开放性。

（2）在结构上突破线性思路，采取板块式的教学结构，凸现教学重点，拓宽教学时空，更具灵活性。

（3）在功效上，实现一个板块活动达成多个教学目标，减少无效劳动，具有增值性。

组块教学从教学内容、语文活动、课堂结构、课型分类四个方面进行实践。

（1）重组教学内容。

组块教学打破一本教材的局限，引领学生将语文学习与社会生活融合起来，从生活中选择适合的学习内容，形成三个动态、即时、开放的教学内容板块：

以语文核心知识为"内核"的内容板块。核心知识是学生学习语文最基本、最常用、最具摄取性的知识，包括陈述性知识、程序性知识等。教师要从教材文本中发现这些隐藏着的核心知识，进而围绕某一个核心知识点，从文本中选择合适的学习材料，按照"教—学—练"的不同功能，组成教学内容板块，以实现"举一反三"的教学效果。

以学生语文能力为"内核"的内容板块。基于小学语文课程（能力）标准，依据布鲁姆能力目标分类学，确定学生年段能力发展目标群，并以此为"内核"，从教材中选择适合学生某项能力训练的语文学习项目，整合成教学内容板块，实现"举三反一"的教学效果。

以语文问题解决为"内核"的内容板块。紧密联系学生的生活实际，提取学生面临的各类语文生活问题，并以问题解决为"内核"，选择相应的语文解决策略，设计成适合学生实践运用的内容板块，以形成"生本化"的语文内容。

在阅读教学中，以现有语文教材为蓝本，唱好"三步曲"，组编切合学生学习的教学内容"板块"。

一是"减"：运用减法思维，将每篇课文中值得教又值得学的"精华"筛选出来，作为教学内容的"内核"。这个内核可以是一个词、一句话、一个语段，也可以是一个技能点、一个情感点等。

二是"联"：根据"内核"，将社会生活中与之相联并适合学生学习的内容选编进来，以相同的内容丰富"内核"，以相似的内容区分"内核"，以相反的内容凸现"内核"，以此拓宽学习领域、开阔学生视野。

三是"整合"：围绕"内核"，将选编的相关内容有机组合，理清序列，形成一个具有聚合功能的教学板块。

（2）整合实践活动。

根据小学生每个年龄阶段的主导活动，变革学生的学习方式，科学、合理地安排听说读写的各项语文实践活动，并将零散的活动项目整合成综合的活动板块，构建三个层次的语文实践活动板块：

读写一体化活动板块序列。以现有教材为依托，在课堂教学中形成一个以读写为主的一体化训练序列，有效地提高学生的读写能力。

探究性学习活动板块序列。以某个语文核心知识为核心，设计一个探究性的语文学习活动板块，激发学生的主动性、积极性、创造性，将语文知识的学习过程转化为探索、建构的过程，促进学生各方面的整体发展。

综合实践活动板块序列。以社会生活为源泉，选择学生面临的生活问题，引导学生设计解决问题的活动过程，并以学生个体喜欢、擅长的活动方式开展语文综合实践活动，最大限度地沟通各学科教学内容，密切学科之间的联系，达到综合化的训练效益。

在阅读课堂教学中，以经过重组的教学内容为核心，明确教学目标。每个教学板块确立以发展学生语文运用能力为主的目标群。然后根据小学生每个年龄阶段的主导活动，科学、合理地安排听说读写等各项语文实践活动，确定训练层次，制定训练步骤，如朗读、体悟、想象、比较、概括、复述等，并整合成一个生动活泼的语文综合实践活动，使学生在各层次的训练中得到全面的训练和整体的发展。

(3) 优化教学结构。

组块教学以学定教，删繁就简，确立了读、悟、习的课堂教学基本结构。其灵魂是联，读、悟、习的语文学习过程是学生个体与教材语言、情感、形象、思想相互联系、相互融合，达到共振，进入新的学习境界的过程。因此，组块教学着力培养学生构建联系的能力和自觉联系的意识，以促进学生学会学习。

读，主要指诵读。诵读教学坚持六个字：读读——让学生充分自由地朗读课文，读懂意思，读出形象，读出情感，读出韵味；评评——引导学生就课文的某些语句、段落进行评价，发表自己的看法，或喜欢，或不满，提高其评判能力、学习初步的鉴赏；背背——让学生选择喜爱的段落背一背、记一记。

悟，即体验、感悟。组块教学注重学生与文本、经验与知识、思维与想象等多维度、多层面的联通，教学中充分激活学生的经验积累，引导学生通过思维与想象，达到对文本内容、情感及表达规律的领悟，在广泛的联系中达到融会贯通，自悟自得，并日渐提高学生的悟性，培育学生的灵性。

习，即习得、运用。习的基本途径有：①读中迁移。引导学生围绕某个话题，结合生活实际和个体经验，创设综合性的说写活动，促使学生借鉴、迁移教材语言及表达方式，不断提高言语能力。如组织讨论、辩论、即兴描写、角色表演、创造性复述等。②综合性学习。打破课堂界限、学科界限、课内外界限，充分利用学校和社区的教育资源，开展切合学生实际的综合性语文学习活动。如组织学生编辑班报、表演课本剧，进行社会调查、参观访问，开展专题性阅读等。③反思性学习。引导学生在语文实践活动之后，自己总结学习收获，寻找存在的问题，坚持写"学后笔记"，既提高学生自我反思、自我监控的能力，又促使学生将所学的知识、技能及时加以梳理、整合。

（4）构建基本课型。

组块教学的基本课型有：①诵读感悟型。对于精美、典范的课文或段落，宜引导学生进行有层次的诵读训练，从中领悟言外之意，体悟言中之情，感悟言语规律，既积累语言材料，又培养语感。②情境运用型。根据课文内容和学生实际，创设语言交际运用情境，引导学生进行对话、交流，在实践中学习语文、运用语文、掌握语文。③研读探究型。启发学生就课文的重点语段进行深入探究，质疑问难，引导学生研究新问题、发现新知识、产生新思想、培养探究精神和创新意识。④主题活动型。围绕一个教学主题开展综合的语言实践活动，如以春天为主题的古典诗词赏析、以母爱为主题的小说阅读等，让学生在综合活动中得到知识、情意、能力的和谐整体发展。

小学语文组块教学是常态化的教学样式，具有"便教利学""学以致用""用能有效"的特点。

（1）教学内容日渐清晰。

变革教师的备课方式，从三个途径研制教学内容，使教学日渐清晰、可测：根据不同文体及相应的阅读策略研制适宜的教学内容；根据文本语言的不同层次选择适合学生的教学内容；根据学生的语言智能发展需要创设合理的教学内容。进而推动教师建构适合自身特点和班级实际的语文课程，实现语文课程的"师本化"。

（2）教学方法行之有效。

基于组块原理的教学方法"倡简"，简约的课堂教学结构为：目标简明，内容简约，环节简化，方法简便，媒介简单，用语简要。内容选择有"三个不教"：学生已懂的不需教；学生能自己学懂的不必教；教了学生也不懂的暂不教。我在阅读教学中提出了组块识记、语境还原、陌生文本等七条策略，在作文教学中提出了命题激活、贴近现场、虚实相生等九条策略，实现了"简简单单教语文，扎扎实实促发展"。

（3）教学过程轻松扎实。

在板块化的语文学习活动中，学生有了足够的时间和空间，学得更充分、更自主，实现了"一课一得""得得相连"，言语智慧得以充分发展。组块教学还致力于学生对学习内容的自主选择与自主建构，培植起学生的独立性和学习力，获得终身有益的语文学习智慧。

在20多年的教学实践中，我逐渐形成了具有自身特色的教学风格：简约而不简单，具体体现为清简、厚实、睿智。

（1）清简。

清简是一种洗净铅华后的"简约之美"，清是质，简是形。组块教学从文本的教学核心价值出发，发掘并选取适合学生学习的教学内容；根据内容之间的内在联系，整合成适宜的教学内容板块；将教学内容板块设计成切合学生的学习活动板块，力求每一项活动实现多方面的教学目标，完成多个教学内容。

组块教学力求体现"简约之美"：

教学目标简明：科学、适切、可测。"伤其十指，不如断其一指。"一堂课彻底解决一两个学生切实需要解决的问题，真正给学生留下点东西，比浮光掠影、蜻蜓点水、隔靴搔痒的教学要有效得多。

教学内容简约：课堂教学的时间是个常数，是有限的，学生的学习精力也是有限的。因此，选择学习的内容，特别是关乎学生终身受用的"核心知识"，就显得尤为重要。这就需要教师对教材、对教学内容进行深入的研读，发现那些为学生真正所需要的、终身有用的"核心知识"，以充分发挥教材的语文教学价值，这是语文教师义不容辞的职责！课堂，也不需要把什么都讲透了，留下点悬念和空间，就是给学生自由和发展！

教学环节简化：语文学习本身是一件简单的快活的事情，学习的过程应该是科学的，是顺畅的，是符合学生的学习需要和学习规律的。我们没有必要设计那么多的学习环节，没有必要设置那么多的障碍（问题）和陷阱让学生去钻，没有必要搞得那么复杂、那么玄、那么深奥。比如：问学生"你是怎么体会到的？"殊不知体会的过程本身是"只可意会不可言传"的。学生可能因这种追根究底而感到恐惧，渐渐丧失了自己本应具有的探究精神。"勤老师培养了懒学生"！这样的现象值得我们重视和深思！

教学方法简便：简单意味着可以学习，是学生经过努力可以达到的。简便的方法、简捷的思路是为学生所喜欢，所乐意接受的。好方法是真正能为人所用的有效的方法。

教学媒介简单：语文教学可以省略不必要的教学手段和教学技术，克服"浪费与作秀"。现代教学技术（多媒体技术）使用过度，也会扼杀学生语文学习过程中独特的体验和丰富的想象力！

教学用语简要：课堂中除却了一切不必要的繁文缛节，省去了不必要的言说，就如同秋天的天空一样明净，让人有一种心旷神怡的感觉。简单的课堂，其独特的神韵就在于此！

其实，简约是一种教学中的大气度、大智慧！它来源于对学生真切的、真诚的、真实的爱；来源于教师丰厚的修养和教学的艺术；来源于对教学生活的发现和深刻的认识！

（2）厚实。

语文组块教学给学生留下形象、留下情感、留下语言。形象是理解运用语言的心理基础，情感是理解运用语言的内在动力，语言是语文教学的根本目的。组块教学将丰富的语言与鲜明的形象、真挚的情感锻造成"合金"，在学生心中积淀下来。这种"语言合金"具有很强的活性和聚合功能，犹如一个语言磁场，能摄取新的语言信息，融合新的语言材料，改造学生自身的语言，久而久之，便会融化到学生的生活、情感中去，成为语文能力的基础，成为文化底蕴的养料，成为人格形成的萌芽。其次，在板块化的语文学习活动中，学生有了足够的时间和空间，学得更充分、更自主，实现了"一课一得""得得相连"，言语智慧得以充分发展。组块教学还致力于学生对学习内容的自主选择与自主建构，培植起学生的独立性和学习力，获得终身有益的语文学习智慧。

（3）睿智。

语文教学最终留给学生的将是言语智慧，即在生活现场中表现出的言语应对能力和机智。组块教学创设的师生之间、生本之间的多重对话，锤炼的正是这种言语智慧，教学的本质意义在于让学生学会思考，而不是学会相信。言语能力和言语智慧是在言语现场中生长出来的，而教师的教学语言，则须是学生学习、模仿的范式，规范而不失灵动，洗炼而不缺幽默，平实而不少睿智。既能让学生得到恰到好处的点拨、评价，又能让学生获得如沐春风般的愉悦、激励，使语文教学平添了无限的乐趣，变得轻松、愉快。幽默、睿智的教学需要教师丰厚的学养和敏锐的洞察力，更需要教师对学生深厚的情感。

风格是瓜熟蒂落的结果，刻意只能半生不熟。善于发掘自己教学中的优势领域，在实践中扬长补短，慢慢浸润，悄悄涵养，才能最终形成独具个性风采的教学风格。其实，风格即人格，人格高雅则风格自然雅致。

七

2011 年，我在教学实践中紧紧围绕"发展学生的言语智能"这个核心任务，把教学重心从课文的思想内容转移到语文能力的发展上，真正摆脱"跟着课文内容跑"的怪圈。我将从教学论与课程论两个视角做更为深入的研究：

一是从教学论视角，进一步探索学生语文能力发展及言语智慧形成的内在规律，探寻适合学生发展需要的课堂教学策略。着力于学生学习方法与方式的变革，着力于语文教学活动的板块化设计，着力于语文课堂教学结构的优化，以实现儿童立场的语文智慧教学，构建"言语智慧教学论"，回答"怎么教"的实际问题。

二是从课程论视角，以一套语文教材为蓝本，立足教材文本，运用"组块策略"，研制适宜的语文教学内容；充分发挥语文教师的专业特长，开发适合学生发展需要的拓展性教学内容，并与教材的教学内容整合为语文"慧心课程"。

这样的"慧心课程"基于语文课程标准，又带有教师鲜明的个性特征，适合学生学习需要，又促进了教师的专业发展。以此解答"教什么"的问题。

说到底，教育的名字就叫"智慧"。教育的智慧来自善良的心底，来自鲜活的生活和对教育深刻的理解与体认。"大智闲闲，小智间间"，智慧的语文教学需要教育的闲适与宁静，是我们应有的行走方式。

杨 斌

江苏省语文特级教师，教授级中学高级教师，苏州大学兼职硕士生导师，苏州市名教师，享受国务院政府特殊津贴。现任职于江苏省叶圣陶教育思想研究所，苏州市教师发展中心。在省级以上刊物发表多篇论文，著作《语文美育叙论》《教师职业幸福的秘密》《发现语文之美》《教育美学十讲》等。在教育教学理念上，主张让学生在"语文学习"过程中，潜移默化地发现和感受语文之美；在教学内容上，力求挖掘语文本体中的情感因素，滋养学生心灵；在教学方法上，主张"语文学习"的过程也应符合"美育"的精神和原则，让学生的思想和心灵自由，给学生以知识生成、能力形成和精神养成的广阔空间。

从语文之美到教育美学

我的《语文美育叙论》出版后,一位素不相识的老师陈艳在书评《用心发现语文之美——读杨斌〈语文美育叙论〉》中写道:

从自己当初毫不犹豫地选择学习语文专业至今,我心中对语文的喜爱从没有改变,也一直在心中认定语文对一个人的一生应该不可或缺。究竟是怎样的一种不可或缺呢?我始终把模模糊糊的想法掩藏于心,不是不想表达,是没有思考透彻,没有寻找到能够表达出来的言语。而在现实生活和教学实践中,又屡屡地发现语文受到冲击,本该对学生的精神成长最有影响力的语文似乎远远不是本来所想的那样;想张口辩之,却又发现是那么的苍白无力。我愈加想寻找到自己心里想表达的话语,也相信语文对人生一定有着绝不可忽视的重要价值,只是我暂时还没有找到。今天,在这本书里,我找到了一些自己想说想表达的意思,让我高兴并且感谢。

就是这一句话:发现语文之美,一语中的,点破我语文教学思想的内核。也就只为了这句话,我在语文教学之路上一蓑烟雨无悔无怨,不计收获只问耕耘,几十年如一日地做了回辛苦而执著的"农人";而且,从语文学科之美出发，走向涵盖整体教育的教育美学。

一

最初走上语文讲台，是在家乡的一所乡镇中学。师范毕业伊始，即碰上了"文革"结束后初中恢复三年制的首届初三，而且一教就是六届。可能是进入师范之前曾经当过几年民办教师的缘故，也许是因为年轻人特有的那份激情吧，那时的初三语文课教得一点也不累；不但不累，而且非常享受课堂上和学生一起读读讲讲其乐融融的感觉。但是，说实话，那时候对语文教学还谈不上有什么认识，语文课怎么上，主要还是"跟着感觉走"。

1985年，我调入省重点中学——灌南县中学。幸运的是，我遇上了对我的教学观念产生很大影响的李坦然老师。李老师是我们的教研组长，我又恰好和他同教一个年级，因此听李老师的课便是家常便饭。几节课听下来，我便发现李老师的课与一般的课不同。没有流行的从时代背景到段落大意的固定模式，印象中似乎也没有刻意追求什么教学的重点、高潮，更没有盛行于当时观摩课上演讲一般的慷慨激昂之态。一切，都来得十分自然，也十分流畅，像乡间的小河涓涓流淌，浸润其间的是对语言对文字的品味和赏析。记得有一次，听李老师讲《为了忘却的记念》。稍作介绍之后，李老师即让同学们读书。这在讲风颇盛的当时，可是不够时髦的事。读了一阵子书之后，开讲第一段。李老师挑出了两个词语——"悲愤"和"悲哀"让大家比较。为什么"悲愤总时时来袭击我的心"，而要摆脱的却只是"悲哀"？一个小小的问题，却一下子抓住了文章的核心内容，为课堂注入了一潭活水。同学们讨论得非常热烈，课堂气氛十分活跃。我觉得，这才是真正的语文，原汁原味的语文，脱离了种种概念、程式和现实利害的语文。

当时，正是语文教改风起云涌、流派迭出的时代，各家观点层出不穷，种种旗号此起彼伏。有时，我会鼓动李老师也去"杀"上一枪。要知道，老先生可是上世纪 50 年代北京大学中文系的高材生,读大三时已在《文史哲》上发表了 9000 多字的学术论文,还曾参加过《现代汉语词典》《中国文学史》的编纂,他的同班同学谢冕、张炯、孙玉石、孙绍振一个个都顺理成章地成为中国文论界的"大腕"人物,而他,却因 1957 年的一场风暴,一直在中学语文教学园地默默耕耘。这样一位出身名门根底深厚的老教师,对语文教学是有资格经常说点什么的。然而,李老师没有讲,不是没机会,而是不愿意。有时闲聊到语文教学的某个问题,他会不经意间冒出一句:"不能这样吧。"

而我,则幸运地"听"到了李老师的许多声音。从课内到课外,从观念到实践。从李老师的"声音"里,我悟出了语文教学的不少门道,这让我在起步之时少走了许多弯路。受李老师的影响,我也努力追求一种朴实无华的教学境界,教学中总是力求在课文中找出一个个语言的精彩亮点,让同学们去讨论,去发现,去揣摩作者的用意,领悟语言的魅力。当时还无力进行理论概括,但我已经朦胧地感觉到,理想中的语文教学似乎就应该像李老师做的那样,沿着"语言"(或者说"言语")的路径,走向更深更远的地方。李老师,是我语文教学的引路人;李老师的教学实践,也是我语文教学思想萌生的最初"温床"!

二

真正理性地省视自己的语文教学,是在读了李泽厚《走我自己的路》之后。关于这本书给我的启发和帮助,我曾在多个地方说起。而要说清我研究语文美育的因缘,这本《走我自己的路》的确是一个绕不过去的话题。

这是李泽厚的一本杂感集,有序跋、散文、杂文、治学谈、答记者问各类文章百余篇。作者自谦说,是"不伦不类,不知是什么味道",而在我读来,却是在品尝一道道色香味兼具的美味佳肴。给我启迪最大的是作者的"治学经验谈"。李先生在多次讲演和文章中反复强调"读书要博、广、多,写文章要专、细、深",要"以小见大""由小而大","题目越小越好","可以有一个大计划,但先搞一个点或者从一个点开始比较好"。在谈到研究题目的选择时，李先生强调："应该在自己的广泛阅读中，发现问题，找到前人没有解决的问题或空白点，自己又有某些知识和看法"；要兼顾主客观条件，选择"在主观上适合自己的基础、能力、气质、志趣的方向、方法和课题，而不是盲目地随大流或与各种主客观条件'对着干'"。这些话也许不算什么特别新颖的见解，但由李先生这样知名学者结合自己的学术经历说出，却使我有如久旱逢甘霖。

李先生的话给我以极大的启发。作为一名中学教师，客观条件的限制使我在理论素养方面必然只能是"蜻蜓点水"，但我也有我的优势，那就是在语文教学实践方面积累了不少经验，我何不扬己之长避己之短呢？于是，反观自己的语文教学实践，从审美视角去透视教育教学问题便成了我的选择。我选了语文教学领域的一个个很小的点：教学情境、教学情绪、教学风格、教师素质、教学创造……结合自己的教学实践，从审美的角度作些探讨，很快，第一篇论文便在《教育研究》上发表。这给了我极大的鼓舞。从此，一发而不可收，我就这样开弓没有回头箭地走上了漫漫语文美育之路。

2011 年，我编选的《李泽厚论教育·人生·美——献给中小学教师》出版。在编者介绍中，我写下这样一句话："和李泽厚的书一见钟情，30 年长相厮守，沾溉良多。编选本书，只是一种微不足道的答谢；同时，也希望能为转型期的中国教育加添一点思想养分。"这确是我的肺腑之言！没有李泽厚《走我自己的路》，我就没有机缘走上语文美育之路；而没有后来 30 年李泽厚思想的持续浸润，也就不会有我语文美育教学思想的形成和深入。这么说，绝不是要标榜我的思考和实践达到怎样的境界，漫漫语文之旅，我仍然只是在海滩拾贝；而是这些年来的语文乃至整个教育田园，喧嚣浮华的东西实在太多，令人眼花缭乱目不暇接，是哲人的思想和智慧让我保持一份清醒和冷静，淡定和执著。

三

翻开上世纪 80 年代的语文报刊，冠之以什么什么美的教研文章比比皆是。比较普遍的现象是：从语文课本上找出一段文字，然后分析这是自然美，那是外貌美、心灵美，或者板书美等等。当时人们所理解的语文美育大致就是这样。但是，这样的语文美育显然太过简单，浮于表面，虚张声势，没有触及学科教育的本质。好像只要把学科中的知识点和美学概念挂上钩，用美育概念去图解课文，就是语文美育了。实际上，这样的语文美育，在理论上是肤浅的，在实践中是难以操作的。作为学科教师，首先考虑的是完成学科本身的教学任务。如果做不到这一点，宁可不要其他的不管是怎样美妙的旗号。而当时的"语文美育"恰恰在这一点上存在致命弱点，因而"热"了一阵之后便偃旗息鼓了。

到底什么才是真正的语文美育？究竟从怎样的路径走向语文之美？我想，它不应该是教学内容。讲述什么是美，有哪些美，怎样才美等，那是大学美学课的任务，显然不是也不可能是语文教学的内容。它也不应该是教学方法。课堂教学的环节、步骤、操作流程等，那是师范院校语文教学法的任务，不是也不可能是语文教学的内容。语文美育，应该是一种教学思想，一种教育观念，它会影响你指导你在教学中选择什么，欣赏什么，也会启发你指引你在教学中如何去选择，怎样去实践。

我所理解的语文美育，简而言之，就是在语文教学中体现美育的精神和原则，带给学生发现的愉悦，创造的快乐，成功的体验。换言之，语文美育不是要教师在课堂上大谈哪里是自然美，哪里是心灵美，哪里是人格美。那种"贴标签"式的美育与语文无关。语文美育是让学生在"语文学习"过程中，潜移默化地发现和感受语文之美。首先，是教学内容的选择。不应把鲜活的语文挤压成干巴巴的咸鱼干似的几道习题，而是力求挖掘"语文"中的情感因素，滋养学生心灵。其次，语文美育的熏陶又必须和语文因素水乳交融，而不是抛开语文，空谈人文。概言之，力求发现语文之美（包括语言形式和内容两个方面）。

再次，"语文学习"的过程也应符合"美育"的精神和原则，即让学生的思想和心灵自由，而不是只把学生当作容器。应该充分创造条件，凸现学生的主体地位，给学生以发现和创造的自由，为学生提供知识生成、能力形成和精神养成的广阔空间。总之，语文学习的过程应该是"发现"的过程："美的发现"（发现语文之美）和"发现的美"（在发现过程中学生体会到的喜悦和激动）。发现知识之美，也接受知识之美的熏陶，同时，在发现的过程中也会感受"发现之美"。语文美育要求学生成为学习主体，充分发挥学生的积极性和创造性；同时对教师的教学素养提出比较高的要求，譬如选择教学方法，创造教学艺术，营造和谐氛围等等。正是在这一点上，语文美育和现代教育的观念高度一致地吻合。

这样的理解对吗？首先，它是对语文教学前辈教育思想的继承和借鉴。叶圣陶、朱自清先生都用他们的思想和实践对此作了生动诠释。叶圣陶一贯主张教育重在育人，重在情感熏陶；在语文能力培养上，注重"涵泳""体味""揣摩"，把语言学习和语感培养、情感修炼结合起来。朱自清强调语文学习就是学习文化，学习文言文是"古典的训练，文化的教育。一个受教育的中国人，至少必得经过这种古典的训练，才成其为一个受教育的中国人"。他们不仅在理论上作了深刻阐述，而且留下了很多富有启发性的教学实例。其次，也是对现代教育理论的运用和发挥。现代教育理论强调教育不仅仅是教书，教育过程是教师学生共同参与、创造和生成新内容的过程。张华在《课程与教学论》中说："在课堂情境中，教师的主体性充分发挥的过程即是教师'创作'课程事件或'创生'课程的过程。在课堂情境中，教师与学生创造并解释课程事件，由此达到内容的不断转化与意义的不断建构，这正是教学的本质。换句话说，'学会教学'的核心问题是学会如何在复杂的教学情境中与学生共同创生课程。"这个过程也是美的创造和体验的过程，而在融洽和谐的氛围中，语文知识和能力的生成也应该水到渠成，相得益彰。第三，和时代节拍步调一致。教育学的发展同教学实践息息相关，教育实践无时不在积累、丰富和拓展着教育理论的内涵；教育的发展更同时代的发展息息相关，教育学必须时时回应时代的呼唤和要求。当时代的脚步进入 21 世纪，当教育对人的关注成为教育改革的热点，当社会比以往任何时候都更急切地呼唤着创造性人才，我们理所当然地应该赋予语文教育以更为丰富的时代内涵。同时，学术界的研究成果，譬如申小龙的文化语言学理论，王尚文的语感论，钱梦龙、于漪的语文教育理论和实践，李吉林的情境教学理论，也给了我很多学理上的启迪和帮助，不断丰富自己对汉语言规律和语文教学的认识。而当我接触到皮亚杰的发现式学习理论之后，恍然明白：原来自己多年懵懵懂懂、磕磕碰碰的努力，竟然也和这位教育学大师的思想方向大致吻合。

四

理论总是灰色的，而生活之树常青。实践永远比理论生动鲜活。还是让我们一起走进我的语文课堂现场吧。

譬如小说教学。语文美育要求不仅把握人物性格，而且要深入一步，走进人物心灵，探寻人物的心路历程，得到的可能是比人物性格分析更鲜活也更宝贵的东西。因为文学就是人学。人的心灵是最为复杂的。走进人物心灵，才有可能对人物性格有更准确的把握，对小说主旨有更深切的体悟，对作品有更深刻的理解。试举一例。

黛玉方进入房时，只见两个人搀着一位鬓发如银的老母迎上来，黛玉便知是他外祖母。方欲拜见时，早被他外祖母一把搂入怀中，心肝儿肉叫着大哭起来。当下地下侍立之人，无不掩面涕泣，黛玉也哭个不住。（《林黛玉进贾府》）

我们可以作这样的讨论：贾母大哭，是为外甥女的遭遇而哭，这在情理之中。可是，为什么地下侍立之人也哭？他们都很伤心吗？不伤心为什么哭？既哭，为什么又要掩面？让贾母见到他们的眼泪不是更好吗？这个情节反映了贾府怎样的环境？这种环境又和林黛玉的命运有着怎样的关系？这些问题都不难，但如果不组织讨论一下，可能也就"滑"过去了。不伤心为什么哭？那是哭给贾母看的，因为老人家是贾府最高统治者。那又为什么"掩面"？没有眼泪呀！那是假哭，不掩面不就露馅了吗？这些人物的心态和林黛玉有关系吗？有。这就是林黛玉的生存环境，社会背景。聪颖过人的林黛玉看到这些，不可能不产生想法。那就是在贾府，是要一切看贾母眼色行事的。这样，"不可多说一句话，不可多走一步路"的寄人篱下心理可能会更加突出。而这种心理又在支配着林黛玉的行动。这一番讨论，应该是能帮助读者走进人物的心灵的。

譬如散文教学。语文美育要求重点在品味语言，体悟情感之美。品味，就是收获鲜活的语感，而不是只得到干巴巴的词语解释。如夏丏尊先生所说："'赤'不但解作红色，'夜'不但解作昼的反面。'田园'不但解作种菜的地方，'春雨'不但解作春天的雨。见了'新绿'二字，就会感到希望、自然的化工、少年的气概等等说不尽的旨趣，见了'落叶'二字，就会感到无常、寂寥等等说不尽的意味。"品味，也要注意比较、咀嚼、揣摩，领会其耐人寻味之处。"真的猛士，敢于直面惨淡的人生，敢于正视淋漓的鲜血。这是怎样的哀痛者和幸福者？然而造化又常常为庸人设计，以时间的流逝，来洗涤旧迹，仅使留下淡红的血色和微漠的悲哀。""血色"为什么是"淡红"而不是"鲜红"？"悲哀"为什么是"微漠"而不是"浓郁"？结合语境可以看出，作者的遣词多么准确，传达的感情又是多么贴切，潜藏在文字背后的作者想说而又没有明说的意思又是多么的意味深长。潜入文字背后，走进作者心灵，含英咀华，才能深得个中之味！走不进作者心灵，徘徊在作者心灵之外，永远无法体会文章之美！

譬如诗歌教学。诗歌的本质是抒情；诗歌的艺术是抒情的艺术。因此，语文美育最为重要的任务，就是让学生充分领悟诗歌感情，让作品中气象万千的情愫，化为缕缕和风，拨动年轻的心弦。让年轻的心弦震颤，是诗歌教学应该努力追求的境界。以推敲语言、体会语言之美为例。诗歌语言的特点是凝练，表现力特别丰富。尤其是用得精当的动词，抓住它们的传神之处，细细揣摩品味，对于理解诗意大有裨益。有一些意味丰富的词语或句子，它们往往借助修辞，把诗歌中那种细腻、含蓄、微妙、只可意会不可言传的意味婉曲地传达出来。细细品评这些精妙之处，才知道古人为什么把读诗叫作"玩味"。朱光潜先生说："在文字上推敲，骨子里实在是在思想情感上'推敲'。"引导学生欣赏诗歌语言，其实也就是对诗意的追寻。谨以艾青《我爱这土地》为例。

我爱这土地
艾　青

假如我是一只鸟，

我也应该用嘶哑的喉咙歌唱：

这被暴风雨所打击着的土地，

这永远汹涌着我们的悲愤的河流，

这无止息地吹刮着的激怒的风，

和那来自林间的无比温柔的黎明……

——然后，我死了，

连羽毛也腐烂在土地里面。

为什么我的眼里常含泪水？

因为我对这土地爱得深沉……

课堂上，我和同学们着重讨论：鸟的喉咙为什么是"嘶哑"的？"这被暴风雨所打击着的土地"中的"这"能换为"那"吗？"打击着的土地"中的"着"可以去掉吗？"那来自林间的无比温柔的黎明"中的"那"为什么不用"这"？"连羽毛也腐烂在土地里面"中的"也"有什么含义？

应该说，这些词语都很普通，作者似乎只是信手拈来，并没有刻意雕琢。但是如果结合语境，联系诗歌整体内容来看，就会觉得非常蕴藉，诗意的表达十分晓畅，毫无生涩含混之感，有一种天高云淡山清水秀般的纯净明丽之美。"嘶哑"而不是优美清脆，可以理解为歌唱的时间很长，因而也可见对这片土地爱得深沉；还可以从嘶哑的歌唱感受到悲壮的时代氛围，悲愤的时代音符，"嘶哑"的歌声是一曲志士出征的号角，民族救亡的鼓鼙！"这……土地""这……河流""这……风"为什么用"这"而不用"那"？因为这正是诗人自己站立着的地方，脚下的土地。"暴风雨的打击""河流一样汹涌的悲愤""激怒的风"正是当时铁蹄践踏下的现实写照。这是祖国的土地，自己的家园，因而用"这"；同时，也表明诗人要和这片土地同生死，共命运，患难相依。这才体现出对这片土地深沉的爱！"着"字并非可有可无，而是表明一种正在进行的时态。"来自林间的无比温柔的黎明"为什么要用"那"指代？因为"黎明"是胜利的象征。而"黎明"尚没有到来，还在远方的"林间"，所以用"那"。"温柔"一词，写出了诗人对胜利的无比向往和赞颂。"也"是一个用得极度俭省的词，隐含的意思是：把我生命的一切都埋在这里，包括羽毛。诗人对祖国的挚爱之情抒发得淋漓尽致。如果不是联系这些词语去体会诗意，仅仅泛泛地读一读，或者架空地分析一番，很难说是真正地理解了诗意之美。

再如文言文教学。"能阅读浅近文言文"仅仅是目标之一，还应该通过学习感受语言形式和规律之美。譬如：文言有一种对称、均衡、辩证之美。汉语单音词的孳生就利用双声叠韵的道理，而且这种孳生往往是向反面转化，音义都处于矛盾运动之中。如"天崩地裂""腹背受敌"。辩证思想也重视对立双方的互相转化。如古汉语中的"反训"现象。"乱"可作"乱""治"讲，"离"可作"离开""遭逢"讲。辩证思维还外化为"句法对应"现象。句法对应在句子结构上是节奏匀称而辞意对应，不仅使文句意义互相映射，互为补充，甚至"互文见义"。（申小龙《语言与文化的现代思考》）学术界的这些观点对于我们正确地掌握句读、理解词义句意，应该很有启发。仅举两例。

其辱人贱行，视五人之死，轻重固何如哉？（《五人墓碑记》）

"辱人"和"贱行"对应，"贱行"是偏正结构，指卑贱的行为。可推知，"辱人"是偏正结构，意为可耻的人格。

得双石于潭上，扣而聆之，南声函胡，北音清越，桴止响腾，余韵徐歇。（《石钟山记》）

"桴止"和"响腾"对应，"桴"是鼓槌，名词；"响"也是名词，即响声。此句意指：鼓槌停止了，响声还在传播。

这样举一反三，收获的必然是文言语感的极大丰富和提高，从本质规律上学习语文，感悟语文之美。此外，从内容上说，优秀的文言作品中积淀着民族文化传统的精神人格。这些作品，既是语文学习的珍贵材料，也是情操熏陶的优秀范本；至于诗词的意境之美、古文的音韵之美，更是众所周知，兹不赘述。

语文教材中可以"发现"的东西很多，不是每一处"发现"都能带来学生的"惊喜"和"激动"，也不是每一处能带来"惊喜"和"激动"的地方都值得去"发现"一番。我的体会是要抓住"牵一发而动全身"的问题。所谓"一发"，是指具体细微之处；所谓"全身"，是指不仅能让学生体会到"发现"的喜悦，更要让学生在这发现的过程中，加深对课文深刻内涵的理解，从而产生情感、思想或心智的升华，收到"熔知识、能力、情感陶冶为一炉"的综合效益，这样的"发现"才是有意义的。我曾经总结过"发现语文之美"的三条路径：

第一，品味词语。语义教材对语言的要求很高，出自名家之手，经过千锤百炼，言浅意深、言简意丰之处甚多。"语言是思想的直接现实。"关键词语更是作家艺术匠心的凝聚之处。选择经过作者精心锤炼、含义隽永、富有意味的关键词语让学生反复品味，是语言思维的训练，也是情感意味的品评。这样才能使学生的心灵产生共鸣，获得成功的愉快体验。

第二，咀嚼细节。为什么要从作品的细节入手？这是因为细节往往是作家创作的极为用心之处。作家在创作过程中寻寻觅觅，孜孜以求，选择着最典型、最传神的细节，推敲着最准确、最贴切的用语。自然，这些细微之处的美学意味也就最浓，最值得读者去推敲、揣摩。选择看似平常，实则深藏着作者艺术匠心的细微之处，体会其深层意味，小小的细节就可收"四两拨千斤"之效。

阅读，说到底，是读者和作者心灵的对话。心灵贴近了，文章也就容易懂了。

第三，鉴赏技巧。文章之所以为文章，总是凝聚着作者的艺术匠心。引导学生发现这些艺术技巧，是一种高层次的审美，而发现的过程，自然也会带来无穷喜悦。艺术技巧的种类很多，不同文体不同风格的文章又各有不同。叙事文中多用伏笔、照应、铺垫，抒情文中常有虚写、实写、象与意、景与情等。"发现"要从文章实际出发，选好角度，找准文脉。领悟了作品蕴含在文字背后的深邃的思想内涵和艺术匠心，学生也就会体会到语文之美。显然，这是一种大而化之的简单归纳。语文之美的发现空间其实十分辽远！

五

为什么要倡导语文美育？为什么要在语文教学中发现语文之美？暂且不论语文课应该承载的精神滋养和情感熏陶功能，仅就语文教学本身而言，这也是一个十分重大而严肃的课题。

很长一段时期以来，语文课一直在课程性质问题上纠结不已，左右犹疑。或片面强调"工具"而忽视"人文"，或单纯张扬"人文"而怠慢"语文"。现在语文课程标准表述为"工具性和人文性的统一"，应该说是平衡了各方观点的一个稳妥表述，也符合汉语文教育的基本规律。问题看似得到解决，但其实不然，落实到具体的课堂教学操作及其评价上，分歧还是非常尖锐地存在着。

一个无法绕过去的问题便是：人文，到底在哪里？

是撇开语言（语言还是言语，本文只是从众沿袭旧说）另辟蹊径，抓住文本的一鳞半爪任意发挥，还是老实地走进文本，走进语言，走进作者凭借语言营造起来的具有鲜明语言审美、文体审美、结构审美特征的一个个艺术境界，循着语言的路径去感受作品的艺术魅力以及充盈于文本之中的情感、情怀、情趣？

我的语文美育观认为：汉语言突出地具有人文性，而且这种人文性应该和语言紧密地结合在一起。人文就在语言中！紧紧地抓住"语言"这个抓手，深入体会语言的精神内涵，就是抓住了汉语言的人文性特征。同时，语文能力的培养和提高也就在发现语文之美的过程中逐步达成。因此，一方面我不赞成置语文素养、语文能力于不顾，空谈和"语文"不沾边的人文精神；同时我也不赞成让语文学习仅仅停留在"习得语言规律，培养语文能力"的基本层面，那样势必还是回到问题的起点，重新落入单纯"工具性"的窠臼。语文美育追求的理想是在"语文学习"中濡养精神，在"人文滋养"中学习语文。要之，从"语言"入手，却又不仅仅停留在语言，再向前走一步，就会触摸到更为具体、更为鲜活、更为深刻、更为丰富的人文。窃认为，我的这一语文美育观在洞悉学科本质属性、把握语文教育规律方面，能够在一定程度上作出比较辩证的回答和富有积极意义的探索。

其实，如果从教育学的视角进行考察，发现学科之美也是颇具普遍意义的课题。近几年，我正是在总结提炼语文美育思想的基础上，由此及彼，从语文学科走向整体教育，欣喜地感悟到了发现学科魅力或者说学科之美的重要意义。

英国教育家斯宾塞有一段著名的话："你会设想一滴水，在俗人眼中看来只是一滴水，而一个物理学家懂得了它的元素是由一个力量集结在一起，而那力量突然释放时可以引起闪电，在他的眼中那滴水会是什么吗？你会设想在普通人不经意地看来只是雪花的东西，对于一个曾在显微镜中见过雪的结晶的奇妙多样形式的人不会引起一些较高的联想吗？你会设想一块划了些平行线痕迹的圆岩石，对一个无知的人和一个知道一百万年前冰河曾在这岩石上滑过的地质学家，能激起同样多的诗意吗？"斯宾塞用"诗意"一词来解释知识的魅力。对于语文来说，语文之美，就是作者凭借文字营造出来的氛围、意境、思想、情感，是作者流淌在文字中的生命，是源自作者心灵的歌哭，或者说，就是作者的心灵。同时，语文之美，也是作者凭借文字呈现出来的母语自身的魅力，或者说是语文形式的魅力。不同的文体有不同的魅力，不同的风格有不同的魅力，不同的表达方式也有不同的魅力，甚至不同的教学个性、不同的教学语境都会碰撞、生发、创造出不同的语文魅力。语文如此，其他学科莫不如此。著名数学家哈代曾断言"丑陋的数学在世界上没有永久的地位"。物理学家杨振宁也提出，理论物理学中存在三种美：现象之美，理论描述之美，理论结构之美。这些科学大师们表达的其实也都是学科之美的思想。

　　知识为什么会美？因为美和真是相通的。自然界本身的规律叫"真"，真与善、合规律性与合目的性的这种统一，就是美的本质和根源。教学内容反映的是各个科学门类的客观规律，这些规律凝结着人类的智慧和劳动成果的结晶，这里，也同样有着如李泽厚所说的"真与善、合规律性与合目的性的统一"，从而可以"以美启真"。"以美启真"何以可能？因为世界上的事物有许多相同的结构，它们相互对应，同形同构，有些是不能用语言表达出来的，只能用理智直观，即通过科学美而感受到和发现它。所以海森堡说，美是真理的光辉、自由的万能形式。这种科学发现或创造直观与艺术家对艺术美的发现创造一样，两者具有许多相通或相似之处。依此类推，教学中完全可以引导学生通过感受知识魅力去感知学科内容。是否发现学科知识之美，很大程度上由教师钻研教材的深度所决定。真正钻研透了，发现了知识的内在逻辑结构，知识之美就油然而生了。知识和美如水乳交融，无法截然分开，合则双赢，分则俱伤。深刻地把握了"真"，也就自然领悟了其中的"美"；寻找到恰当的"美"的路径，也就容易逼近事物的本质——"真"。我们很多老师之所以忽略了学科之美，往往不是缺少发现的眼光和能力，而是被庸俗的教学观遮住了双眼。问题的关键就在于，教师能否成为斯宾塞笔下的那位物理学家、地质学家或者手拿显微镜观察雪花的人！

　　因此，在我编著的《什么是真正的教育：50位大师论教育》一书中，我即从教育学整体构架出发，把"知识的魅力"作为全书的一个重要章节。我认为，学科之美应该成为教育学研究的重要内容和极具创新意义的突破口。如果说，学科之美可以成为教育学园地破土而出的一棵新芽，那么，孕育和植根这棵新芽的土壤，正是本文呈现出的思想："发现语文之美"。而最近几年，我正是由此出发，在教育的广阔河床里向深处漫溯，不断地追问：教育是什么？教育应该追求怎样的境界？教育能否以及怎样才能成为艺术？教育怎样才能富有智慧和魅力？面对繁重琐碎的教育教学劳动，教师怎样克服职业倦怠？怎样在工作中创造和体验成功快乐？应该怎样让学生在教育生活中健康成长，享受幸福？这林林总总的问题，相信行走在教育旅途中的人，都无法绕过。不同的只是：有的人悟出了道道，于是，旅途变得比较轻松而愉快；而如果悟得不够明白，总是免不了一蓑风雨。一番追寻和叩问的结果是，我逐步形成了自己的教育美学思想框架：

教育本质——确立人在教育中的崇高地位，让教育成为人的生命和心灵发育成长的过程。

教育内容——教育内容自身蕴含着丰富魅力。教师需有一双"慧眼"，穿透知识表象，洞悉和传递学科本质之美并"以美启真"。

教育艺术——教学活动是一门艺术。教师要努力通过自己和学生的共同创造，在教学中激发和唤醒学生的生命活力。

教育活动——教育不仅是学科知识传递，教育也是生活。在丰富多彩的教育生活中，人，全面和谐地发展和成长。

教育主体（教师）——教师在教育劳动中充满愉悦和成功体验，才会有学生在学习中的成功和愉悦。只有解放教师，才能解放学生。教师的职业幸福与其劳动的创造程度密切相关。

教育对象和主体（学生）——学习，不只是为未来的人生奠基；童年，人生就已经开始。学生成为学习活动的真正主体，学习也就成了一种生活，它的名字叫幸福。

教育应该是一项充满智慧同时也是培育学生智慧的工作，教育应该是一项为学生幸福人生奠基同时教师也能从中体会到职业幸福的工作，教育应该是让学生经常感受到学习之美，同时也能让教师体验到劳动之美的工作。与教育之美同行，教育生活会丰盈而温暖。归真返璞，正本清源，你会发现，教育原来可以如此朴素而美好！

李吉林

著名儿童教育家，情境教育创始人，原中国教育学会副会长。先后出版
《情境教学实验与研究》《情境教育的诗篇》《为儿童的学习》（该三本书先
后获教育部颁发的第一、二、四届全国教育科学优秀成果三个一等奖）等
多部专著。2006 年 5 月，人民教育出版社又出版了八卷本 300 多万字的
《李吉林文集》。先后当选为"全国人大代表"（主席团成员）、"全国劳模"，
曾被评为"50 位新中国成立以来感动江苏人物"、2011 年度"全国教书
育人十大楷模"。

小学教师李吉林的人生传奇

——李吉林老师和她的情境教育

李吉林，小学教师，一辈子教小学生，一直在江苏省南通师范第二附属小学执教，一教就是 50 多年。

小学教师从来都是平凡而普通的角色，传统中的形象是蜡烛，燃烧自己，照亮别人。作为一名普通的小学教师，很难设想她会有什么学术建树，更谈不上能有国际影响和历史地位。

但李吉林的成就和建树颠覆了千百年来关于小学教师的传统观念，改写了关于小学教师概念的诠释，她重塑了教师的形象，小学教师因此有了新的内涵。

李吉林是小学教师，她的学术研究是业余的，但专业的教育研究人员少有人能与她相比。江苏省教育厅、人事厅评审专家戏言，李吉林老师的成果够评六个教授。她以自身的成就雄辩地证明小学教师能做大学问。

李吉林是小学教师，没有上过大学，但她是华东师范大学、南京师范大学的特聘教授，江苏省教育厅颁予其名誉教授称号。

八卷本 300 多万字的《李吉林教育文集》是她的标志性的成果，奠定了她开宗立派的学术地位。因为她，中国教育界有了与世界教育学术界平等对话的教育理论体系。

中国有世界上最大的基础教育群体，有世界上最快的基础教育发展速度，但是我们鲜有原创性、体系性的教育理论，从这个意义上说，李吉林是民族教育的骄傲。

李吉林是一个奇迹，但李吉林又是平凡而普通的小学教师。在江苏省教育厅学习表彰李吉林的研讨会上，李吉林诚恳地说："我是一个小学教师，这是我的本色。我的任务是教小学生，这是我的本职。"一个"本色"，一个"本职"，说得多好！

一

妈妈说："世界上有三种人，上等之人，不教自成人。中等之人，一教就成人。下等之人，教死了也不成人。"

——李吉林

每个人的身世中都有一段称得上"伟大"的时光，那就是他的童年。童年，是个怎么做梦都不过分的季节；童年，是深信所有梦想都能成真的年龄。李吉林，这名长大的儿童，中国最出色的儿童教育家，她有怎样的童年，童年对她的成长意味着什么呢？

南通师范二附小的青年教师与李吉林老师有以下一段对话：

"李老师，从'情境教学'到'情境教育'再到'情境课程'，30多年您始终不渝，至今仍沉浸在情境教育的完善与发展中。我们很想知道您的动力从何处而来？"

"这与我自己成长的历程有关。我的母亲是一个有初中文化的女人，我的父亲很早病逝。在我的记忆中，童年是灰暗的，没有色彩、没有欢笑，甚至连一张照片也没留下，那是因为穷。小时候，我没有洋娃娃，没有布狗熊，更没有'汽车'，积木。春天来了，我和邻居家的孩子用一张正方形的厚纸，插上两根芦苇，做成一只土制的风筝，奔到空地上，跟着摇摇摆摆上天的风筝，心儿也欢跳不已。最难忘的是母亲给我买过一只万花筒，圆圆的筒子裹着蓝底红花的纸，上面有一个小圆孔，只要举起它，眯起一只眼，手一转动，啊！就看到一幅想象不到的精彩的画，再一转，又是一幅，层出不穷。在我眼里，那简直是摘下的星空，是无数用珍珠建造起来的矮人国宫殿，是诚实的孩子用老人给的斧子劈开的宝石山……我真是爱不释手呀。那小小的万花筒曾勾起我多少奇妙而美丽的幻想。"

孩子爱新奇、爱欢乐、爱创造，这是一种天性。没有钱购买玩具，孩子们就自己动手制作。"忙乘东风放纸鸢"的欢乐，不分贫富贵贱，属于所有的儿童，而创造、制作的乐趣，却特别地眷顾穷孩子。美，作为人的本质力量的对象化，它像一道投影，映入李吉林童年的心灵。李吉林孜孜不倦的审美追求，或许正是起源于一只不经意中手工制作的风筝。尽管工艺粗糙，但它是儿童的创造。儿童目睹风筝飞上蓝天的激动，完全可比拟成人眼中飞天的神舟九号，其中包含创造的乐趣、自由的心灵和放飞的想象。

李吉林感叹说："现在想起来，造物主是公正的，它把想象的翅膀不分贫富贵贱，同样赋予了穷孩子。"想象当然不是穷孩子的专利，但我们是否可以说，穷孩子正因其物质的匮乏，不得不通过联想和想象的虚构，以故事补偿现实的不足，期间也取得了创作的快乐？孩子的联想并非刻意的创作，但来自心灵的感应和自然的生发，这为后来岁月里的艺术创造进行了铺垫和预演。并非所有穷孩子都同样地拥有非凡的想象能力，这方面你不得不承认儿童想象的天赋及审美的悟性悬殊，童年李吉林有少年早慧的诗人气质和审美直觉。

李吉林说："母亲年轻守寡，含辛茹苦。但她从不絮絮叨叨地教训我，偶然的几次谈心便给我留下很深的印象，对我人格的形成起着打根基的影响。'孩子，人穷志不穷，就是人家有座金山，不是你的，千万别去碰。'天长日久，穷孩子的自尊在心中渐渐形成。我感谢母亲，在任何情况下，使人不甘落后，不肯低头，一种自我向上的力也在心中孕育起来。"

　　李吉林是幸运的，因为她有这样一位慈母。哲人说，推动摇篮的手就是推动世界的手。贫困中因母亲的教诲使她有了基本的价值观和前进的动力，苦难成为磨砺她意志品质的磨刀石。贫困培养了李吉林生活的适应能力，也激起了她改变生活现状的愿望。李吉林的成长告诉我们，儿童的物质欲望是容易满足的，而适度的关爱和适切的教育是何等的重要。

　　人唯感到有其不足，才有对其不足超越的动力。改变贫困的生活是李吉林最为朴素的动力。贫困的童年赐予李吉林的是对物质生活淡泊的态度，也赐予她自尊、自强的品格，更可贵的是培育了她的孝心。"万善孝为先"，这"先"不仅指摆在首位，更有发挥的意思。孝心唤起了李吉林推己及人、体恤怜悯的善良之心。正是这种善良，激起她对儿童的爱，对弱势群体的同情，这成为她的个人品性，也构成情境教育的社会伦理色彩。那永不消退的童心和童趣，一直伴随着她未来的岁月，似乎一切都在不经意中，但确凿的是为穷孩子打下了生命的底色。成人的所有创造都可以在童年找到源头，未来的成长正是从这里起步，未来的教育理论体系就在大自然与童年的对接中孕育。

　　语文特级教师王红梅说："我结识李吉林老师，并与她交流是在 2010 年，时常会在电脑上再去回味当时与她的合影，以及与她轻声慢语的交流。当我通过文字了解到李吉林老师的童年记忆是母女二人在穷苦窘迫之中相依为命时，我被深深地打动了，一个生活在如此艰难环境中的孩子想要获得成长是多么的不容易。当然，偶然中存在着必然，李吉林老师能够成为一名全国闻名的优秀教师与她的成长经历密不可分，过惯了优质生活，不经历磨难的人的生命中必定缺少厚重，我们难以想象一个从小过着衣来伸手饭来张口的日子的人会成长为一名博雅、睿智的，令人赞叹、敬畏的优秀人民教师。人们常说'上帝在给你关闭一扇门的同时也给你打开了一扇窗'，李吉林老师的成长验证了这句话。"

　　儿童时期的家庭教育是最早的启蒙教育。李吉林的幸运是因为她有这样一位伟大的母亲，她给予孩子的是最基本的向善和向上的教育，而不是"学而优则仕"的期待，"鲤鱼跳龙门"的奢望。杜威说："如果渐渐老去的一代不把理想、希望、前瞻、准则、意见传递给新生的一代，再文明的社会也会倒退回野蛮状态。"杜威特别强调的是"理想、希望、前瞻、准则、意见"，这是使人成为人的最根本的教育。

二

> 儿童天生是富于想象力的，在他们眼里，山啊，水啊，星星啊，月亮啊，都是活的，会跑也会飞，会说也会唱。在儿童的眼睛里，世界犹如童话一般。
>
> ——李吉林

人终究是自然之子，儿童距自然最近，儿童天真的本色中，蕴含着丰富的生命创造。过早知识化、符号化的教学，以及道德教条的灌输、定向技能的训练，切断了儿童与自然的联系，也阻隔了儿童与社会生活的联系。儿童失去自然成长的乐趣，同时失去的是无限多样的成长可能。李吉林没有经受所谓早期智力开发，也没有接受早期艺术训练，但她的理性精神、思维水平、艺术气质、美学修养、创造能力有多少人能企及？

朱永新教授认为，李吉林的情境教育充满诗意和激情，充满挚爱和智慧，他说"不仅情境教育是一首诗，李吉林老师本人也是一首诗"。诗，萌生于感情的倾诉，优秀的诗人都有一颗赤子之心，他们以儿童的眼光看世界。李吉林的情境教育之所以被称为诗，是因为她为儿童打开了一个空间无比广大、时间连绵不绝的世界。她引导学生感受、完善和深化内在的生命，从而让学生拥有美好而丰厚的精神世界。意大利学者维柯有一个光辉的命题，即人类最初的精神方式是诗性智慧，这是原始文化的精神核心，它在轴心时代受到挑战并在现代化的进程中被新兴的理性思维击溃而破碎，其结果是人类精神家园的丧失和灵魂的漂泊。浪漫主义诗人荷尔德林呼唤精神的回归，海德格尔向往"诗意的栖居"，都是对人类儿童时代的留恋与怀念。

李吉林说："我常常像孩子般怀着一颗好奇心去设计教学，童心帮助我想出许多好办法，那是最受孩子欢迎的好办法，它让我不止一次地获得成功，享受到当语文教师，从事小学教育的快乐。"为了让学生在特定的情境中观察生活，李吉林常常去实地考察优选场景。一天她来到城南郊外，猛然间看到大桥旁有一大片扁豆棚和丝瓜棚。丝瓜开了黄花，小喇叭似的黄花，棚下结了小丝瓜，有的像小朋友的指头那么大，手臂粗大的丝瓜得意地挂在棚下。还有扁豆花，一串一串的，紫里间白的，挺挺地在棚首张望。有些刚谢的花已结了像蟹脚一样的小豆夹。这些色彩丰富、果实各异的瓜豆是多么适宜培养学生精细的观察力和差别性感觉啊！从花到果实，从小果到大果，又是多么易于激发学生的想象啊。李吉林终于找到了理想的秋天田野典型的场景。观察、想象、思维展现为联翩的形象，组成色彩绚丽的画卷。童心的稚气，天真的眼光，好奇的探究，神奇的想象，构成美好的王国。儿童对周围世界似乎有一种探究的本能，她不断回答来自心底的儿童式的追问。

李吉林说："儿童的眼睛，儿童的情感，儿童的心理构筑了我的内心世界。是的，正是儿童，是童心给了我智慧。"儿童的眼睛是清澈的，儿童的情感是真诚的，儿童的心灵是澄明的。李吉林的智慧是诗性的智慧，诗性的智慧以感性形象呈现理性的深邃和情感的丰富。诗作为语言之精华，智慧之花朵，更能达到透悟人生的哲理高度，哲学家借诗的形式阐述哲学观念，诗人以艺术语言表达哲学沉思。

语文特级教师左海电说："'……我要在花和月中寻找，寻找童年的眼睛……于是小河里的蝌蚪，草丛中明灭的萤火虫便有了魅力！一颗纯真的童心在胸中激荡，周围的一切，竟变得这样新奇、美好。……孩子的眼睛是通往童话世界的门扉，我常常倚在这神奇的门扇旁，用孩子的眼睛去看呀，揣摩着孩子的心理去想呀！'这是李吉林老师提出的一种独特审视儿童的方法——用孩子的眼睛看。很显然，这里的'看'是一种基于师生心灵对话与沟通的过程。通过'看'，李老师找到了那闪着圣洁光泽的'孩子的眼睛'，并通过一双双明亮的眸子发现了一个神奇迷人的儿童世界。"

"教师在用心血写诗，而且写着人们最关注的明天的诗——不过，那不是写在稿纸上，而是写在学生的心田里。在李吉林老师的眼里，孩子们是情感王子，教育不单纯是一种'塑造'、一种'改变'、一种'授予'，它更是儿童潜能、灵性的'激活'与'唤醒'。所以，她用孩子般的童心设计出每一个教学情境。"

李吉林深感挚爱可以燃起激情，激情会驱动人想入非非，虽年逾古稀，仍可拥有一颗年轻的心，仍然可以和年轻人对话，甚至和小鸟、小花、小草对话。李吉林说："鸟在我家院子的树上造窝。我心里想：我家成了小鸟的家，那是太难得了。黎明小鸟的叫声在我听来是天籁之音。在这样的体验中，我有了'小鸟是黎明的歌手''想象便是儿童思维的翅膀''儿童的思维是会飞的思维''情境教育就是给孩子添翼'……这些内部语言。"她觉得这是诗的语言，而教育本身就是如诗如画的。

李吉林的情境教育理论是情本体的审美教育体系，正如中国传统文化没有明确细化的哲学和宗教伦理学，但有丰富的诗学。情境教育理论体系不是概念化、符号化的抽象认知，而是由感性到知性再到理性，由表象到抽象又上升到形象的理论体系。这是感性、知性、理性的融合，也是抽象思维和形象思维的统一。李吉林的诗人气质使她的理论具有诗性的特色，既具有形象的感染力，又有明心见性的理论穿透力。这也构成情境教育理论的中国特色，它充分证明理论体系完全可以诗意地表达、诗性地建构。教育和文学都源于生活，文学是生活的集中反映，文学最精致的样式是诗歌，同样教育的理论也可以是华丽的诗篇。

三

让课堂丰富起来，让教育丰富起来，让儿童快乐地自由自在地成长。那正是情境教育诗篇的神韵所在。情境教育就是一首让孩子喜欢的向往的《云雀之歌》。

——李吉林

台湾学者熊秉真认为，中国主流儿童教育观有三大特征：其一是"成人中心"，规训与抑制儿童；其二是"功利目的"，认为童年只是为成人作准备，没有独立价值和意义；其三是"道德色彩"，从小要求孩子听话、安静、守规矩。儿童的一些特征——爱吃、爱玩、好动、好奇被认为是惹人烦、讨人厌的坏毛病。

李吉林说："我从来没有感到儿童烦，和他们在一起，我就感到生命的充实和快乐，我愿意永远生长在儿童乐园里。白天看到孩子的笑脸，我觉得好像在花丛中看到花儿朵朵；听到他们的叫声，我仿佛来到小鸟王国听啾啾鸟鸣。"在月明星稀的晚上，她独坐灯下，蓦然觉得自己是最幸福的，每日正是和这世界上最纯真、最可爱的人生活在一起，自己的工作就是为这些小花、小树浇水、施肥，让他们快快长大。

成人常常固执地以自身的价值衡量儿童的快乐和趣味，他们认为儿童的快乐，通常比不上认识了多少字，做了多少习题。头悬梁、锥刺股、凿壁偷光，始终作为儿童励志的故事，对儿童进行智力、体力、知识的严格训练，被认为是一种负责任的远虑。李吉林认为人的成长过程绝不是书本知识的累积，知识在任何年龄段都能够学习，但童年不再来，这是人类非常神秘的精神胚胎期，这段时间是人成长的敏感期，也是距天性最近的时刻，童年蕴藏巨大潜能和各种可能性。童年的快乐，即使在记忆里很短暂，但那淋漓尽致的欢乐，让人们在多年以后身处最低谷时也有抵抗崩溃的力量。童年的快乐是自然赐予的，不必依仗权力和金钱以及各种物质条件，通过想象和回忆，人们可以不断得到。事实上，成人讲述自己的幸福都不免遥想童年的时光，关键在于他们是否有过快乐的童年。

李吉林读蒙台梭利，蒙台梭利认为，儿童心理上的伤痕大多数是由成人无意识地烙上去的。李吉林读弗洛伊德，弗洛伊德认为成年人的心理异常可以追溯到童年所受到的伤害。这引起她深深的思考，父母和教师无疑对学生有爱和责任。然而，怎样守护童年的天性，怎样给孩子以快乐的生活？她看到家长的爱更多地关注物质的充裕，教师的爱更多地关心知识的长进，然而这种爱常常衍化为并非儿童所需要的干扰，有时甚至是一种可怕的惩罚。

李吉林对孩子沉重课业负担下童年的消逝表示她的痛心和焦虑。她动情地问："倘若真爱，如今的孩子怎么会陷入应试教育的怪圈？无论城市，还是农村，孩子都是那样的无奈，他们苦恼，他们失望，有的甚至是绝望，即用稚嫩的生命与之抗争，应试教育的枷锁仍然锁着孩子的手脚，锁着孩子的头脑，锁着孩子的身心。面对孩子被扭曲的心灵，充满忧伤的眼神，众多有识之士、家长、老师的心颤抖了，大家都心疼孩子。此时，我们不得不扪心自问：我们真的爱孩子吗？"她说："清晨，他们在熟睡中被父母叫醒，被闹钟吵醒，背着沉重的书包上学去；天黑了，他们又背着沉重的作业回到家中。从学校的课桌，坐到家里的书桌，直到大人们睡下，唯独最困的孩子还在灯下撑着眼睛，写着没完没了的作业……"

李吉林认为儿童教育已主要不是智力的开发而是童年的守护，爱孩子就要顺其天性让他慢慢长大。她看到教师的主观愿望和学生成长过程中的期望并不能完全一致，教师习惯性地苦口婆心地教导，甚至恨铁不成钢地责罚。学生本能地拒绝说教，排斥冰冷的知识，厌恶没有情趣的生活。教师的职业烦恼和学生的学习焦虑是非常普遍的现象。能否让教师和社会的期望化作学生自觉的学习行为？能否真正做到学校教育有如春风化雨般润物无声？能否让学生在无意注意中更主动更轻松地学习？李吉林苦苦地思索着。

李吉林主张封闭的课堂必须打破，教育要贴近生活，儿童要回归自然。她说："我不止一次把学生带到家乡的田野上，春天来了，我带学生来到小河旁，看见河岸新嫩的芦芽，看着成群的小鸭子跳进水里，在小河里快活地游着、叫着，体会到'竹外桃花三两枝，春江水暖鸭先知'的意境；再沿着小河去找小蝌蚪，仔细观察一群群小蝌蚪在水边游来游去，然后捞上几尾，写《春天的小河》。春天的田野也是菜花盛开的季节，金黄的油菜花儿，一丛丛、一簇簇，遍地都是。躲在绿叶下面的蚕豆花像花蝴蝶似的，花菜的大花冠比碗口还大，无数的蜜蜂在菜花上采着蜜，欢快地嗡嗡唱着。成群的白蝴蝶也赶来了，飞舞在金色的油菜上，为绚丽多彩的画面更增添了无限的生趣。丰富的美感，激起孩子展开了许多美妙的想象。于是让他们去写《春天的菜花》，或者是《谁是菜花之王》的童话，学生都饶有兴味。秋天来了，又怎么让学生感受秋天的美呢？我便选取了秋天的小树林。小树林在晚霞映照下，树叶染上金色、墨绿色，宛如一幅丰富而深沉的油画。让学生观看静立在霞光中的树林，观看秋风吹起一片片金色的树叶从空中慢慢地飘落下来的情景，然后让学生捡落叶——拾回秋姑娘给我们留下的影子，回家夹在书中。第二天，用落叶拼成他们心中的各种有趣的故事，进行《秋叶讲的故事》的说话训练。类似这些鲜明的感知目标，极大地引起儿童的注意，激起热烈的情趣，使儿童不知不觉地进入到大自然美的情境中去。"

教育部原副部长王湛评价说："李吉林老师的情境教育通过多种途径和方法在课堂教学、学校教育与自然、社会和儿童生活之间架起桥梁，激发儿童兴趣，提高教育和学习的效率，促进学生全面发展，取得了很好的效果。"一种卓有成效的儿童教育方法体现的是一种儿童教育思想，儿童教育思想的内蕴是对儿童的温情和理解，是爱心和守护。夏丏尊翻译了《爱的教育》一书，并十分形象地告诉我们：教育上的水是什么？就是情，就是爱，教育没有了情爱，就成了无水的池，任你四方形也罢，圆形也罢，总逃不出一个空虚。教育需要爱，需要教师的发自内心的爱去点燃儿童少年的心灵之火。从禁锢的课堂走向希望的田野，李吉林以满腔热情让儿童在审美体验的乐趣中享受精神舒展的幸福，田野的课堂是生命的课堂，情境教育倾注着教师的挚爱。

13 世纪神学大师安多尼每次讲学，都以这句话开场："学问若不转向爱，有何价值？"一个不争的事实是，我们许多学者书读得多，文章也写得多，但爱的奉献显得少，似乎学问越高深，距儿童的心理距离越远，他们的"爱"似乎只在口头，或只爱抽象意义上的学生而不能由衷地热爱具体的个性各异的儿童。从这个意义上说李吉林不仅是教师专业成长的榜样，更是爱心与学问统一的楷模，教育与研究不是游离于生活之外的对象化探索，而是李吉林老师的生命体验。

四

她是在大地上生根、长叶、开花。民族文化便是情境教学肥沃的大地，且有一缕缕光灿灿的阳光照耀，又有春风春雨的沐浴。于是，情境教育这本土的田野上的花朵才得以萌发。

——李吉林

现代教育学理论奠基于西方的文化和哲学，西方的文化和哲学是知识史，更是思想史和文化史，中西方两种教育的比较，从根本上说是东西方文化和哲学思想的比较。中国的文化和哲学关注伦理生活，西方的文化和哲学重视本体世界；中国的文化和哲学看重感悟和体验，西方的文化和哲学依靠逻辑和演绎；中国的文化和哲学讲究意在言外，西方的文化和哲学强调语言与存在的统一。种种本体论、认识论、方法论和语言学上的差异使中西方文化与哲学之间划出了一道鸿沟。现代教育制度从西方发端，来到中国落地生根后，两种文化的碰撞必然地产生矛盾和痛苦，也带来机遇和新生。

李吉林如饥似渴地学习中外教育理论，在学习过程中逐步意识到，一个世纪以来，中国教育还没有走出一条自己的路。中国缺少原创而系统性的教育理论，没有在世界上形成有影响的教育学派。中国从 20 世纪初开始学习日本的教育，而后是引进欧洲的教育，新中国成立后则是全盘照搬苏联的教育，连教材都是人家的，这已经走过大半个世纪。李吉林心想，我们不能全盘照搬外国的教育理论，我们要有自己的东西，走自己的路。她把眼光投向中国古典文论，特别留意刘勰的《文心雕龙》和王国维的《人间词话》。她在品读中逐步感悟到

《文心雕龙》的要旨在于"情"，《人间词话》的核心在于"境"。李吉林取《文心雕龙》之"情"，取《人间词话》之"境"，铸成新词"情境"，并在教学实践中逐步丰富它的内涵。如果说《文心雕龙》诞生于"文学的自觉时代"，《人间词话》问世于东西方文化激荡之时，那么情境教育理论建树于民族振兴的新时代。中国文化的精髓仿佛一盏明灯，照亮了李吉林前进的路。

情境教育着眼点在"情"。李吉林心想，既然情感是一切文学艺术的发端，那么作为为儿童心灵播种的事业，教育为什么不能从情感切入呢？《圣诞老人的礼物》是二年级说话课。李吉林在教学过程中设计了这样一个情节：圣诞老人对孩子们说："孩子们，今天我给你们带来许多礼物，你们猜，有哪些礼物？"孩子们越猜越带劲。就在这热烈的情绪中，圣诞老人说："孩子，你将怎样用这些礼物去帮助别人呀？"孩子们由热闹转入思考，接着纷纷举手说"送给奶奶"，"送给幼儿园小朋友"，"我要用小剪刀剪最漂亮的窗花，贴在老师的玻璃窗上"……教学过程不仅是知识的授受与累积的过程，也是情感培育和升华的过程；情感活动不仅仅是实现教学目的的手段，美好情感的产生和发展本身便是教学的目的。教育，不仅以强大的逻辑力量说服人，征服人心，更是以真诚美好的感情感染人，感动人的心灵。

这是一堂二年级观察说话课《萝卜娃看到了田野》。李吉林把学生带到萝卜地里，先让他们观察萝卜的茎叶，那绿的叶，红的茎，叶是长长的，茎是圆圆的，有露出地面的，有埋在地下的。再让学生拔出萝卜端详，进而启发说："萝卜娃娃在地下闷得慌了，现在让它呼吸田野上的新鲜空气，好好看看这美丽的田野。"孩子们笑着、跳着，纷纷举起萝卜，先看蓝天、白云，再看小河、田野。最后，李吉林让孩子们走到农民伯伯身边，感谢农民伯伯辛勤的栽培。教学中由表象而形象，由形象而审美意象，由意象而提升学生的情感。情境教育就是让学生在特定的氛围、语境和情感体验中感受幸福，表现自我，生成新的知识，丰富精神和审美的情趣，培育品格和灵性。

艺术的创造过程是由"情"到"景"，由"心物"到"意象"，再到"意境"

的过程，评说"意境"之高下优劣则有"境界"之说。教学也是如此，"知之者不如好之者，好之者不如乐之者"，学生享受即时的学习乐趣，童心和童年得到保护，同时也开启了通向未来幸福和发展之门。引导学生做到主动学习、快乐学习、有意义地学习，这是教学的理想境界。李吉林老师的情境教育遵循的正是这样一条思路，教学过程中，教师、学生与文本及社会生活也构成心物、情景这样一种主体与客体的关系，情境就是要达到主客体的对话、互动之和谐。

李吉林的情境教育特别关注学习的快乐和儿童的幸福。这跟中国传统文化的乐感哲学是一脉相承的。孔子所谓"学而时习之，不亦乐乎"，王阳明的弟子王艮认为学与乐是相辅相成的，是一件事情的两个方面。他说："乐是乐此学，学是学此乐，不乐不是学，不学不是乐，乐便然后学，学便然后乐，乐是学，学是乐。"这里没有任何思辨，只是把自我体验、自我认识与自我修炼完美地结合起来。情境教育的创建，其宗旨便是革新和改善儿童教育，其目的便是给儿童以当下学习的快乐，并为他们的终生幸福奠基。

五

虽未登上美的彼岸，但我似乎闻到了花草的芳香，仿佛看到那"教外有远致"的美丽而广阔的空间。意象与情趣融合的优化的情境，真·美·情·思，民族文化沃土的滋养，让越来越多的儿童的幼小的心灵健康而丰富，思维笼罩在美感中自由驰骋，快乐地超越经验世界，潜在的创造力得到尽情地开发；让每个孩子，不分贫富，不分城市和乡村，都可得到充分的发展，将其育成人，长成才，享受到真正的教育，这便是我心中的美的彼岸。

——李吉林

儿童时期是一个人一生奠基的关键时期，而儿童本人却不知其间的重要，作为他们的老师责任就格外的重大，需要良知和真挚的情感。这种庄重使命感不断召唤李吉林，驱动她去探索、去思考、去学习、去行动。在黑格尔看来，美既超越了认识的限制，也超越了功用，欲念和外在目的以及"应该"的限制，而成为超然于现实之外的自由境界。儿童的发展是李吉林教育理念的核心，一切为了儿童的发展是李吉林终生的追求！人类教育神圣之美，儿童生命成长之美，教师心灵虔诚之美融为一体。

李吉林意识到传统的灌输式的教学，把学习变成连续不断地积累知识和训练记忆，它所调动和充分利用的儿童大脑的功能，只是与机械的、逻辑的、无情感的相联系的那一部分。内涵极为丰富的小学语文教学，为支离破碎的分析讲解，没完没了的重复抄写，各式名目繁多的习题，以及不求甚解的机械背诵所替代，并充塞着儿童的生活。所有这一切，是一个七八岁或十来岁的儿童所不能承受的，结果造成儿童心理上的紧张状态。尽管儿童疲于奔命，阅读和写作的实际能力还是不能令人满意。如此种种，偏离了语文教学的根本任务，造成"呆板、烦琐、低效"的弊端，压抑了儿童的发展，延误了儿童的最佳发展期，甚至扼杀了儿童的禀赋与才能。

在华师大杜殿坤教授、胡克英教授的鼓励指导下，李吉林开始进行自己的教学实验与理论体系的建构。情境教学第一轮实验进行了五年，五年来有人理解，有人怀疑，有人支持，有人刁难，承受的压力可想而知。五年的实验，没有一分钱课题费，自己刻写资料，自己制作教具，但一切都是心甘情愿。她快快乐乐地做着这一切，没有任何人勉强、催促。正因为付出了劳动，倾注了情感，所以，每一次成功后，她便获得更多的快乐。

1983 年夏天，根据教育局通知，五年制实验班与六年制的学生一起参加升学考试，当时多少人为李吉林捏着一把汗。少学了一年，原以为可以不参加升学考试的，而且实验班学习负担轻，从来不进行应试模拟训练，能考好吗？消息传来，有好心人来鼓励的，也有同情并担心的，当然也有人准备看笑话的。局里的一位领导说："李老师，你课上得不错，报告也作得不错，文章也写得很好，现在就看你学生考得怎么样了。"统考竟成了评判情境教育成功与否的唯一标尺。新华社记者再次来南通采访时，有关领导说："再等等，再看看吧。"李吉林一直是教育改革的典型，但因为要考试大家心里不踏实。考试结果实验班43个人中考入省重点中学的有33个，其他10个孩子考上了实验中学。最后统计数据表明实验班作文优秀率是全区平均比例的12倍，阅读优秀率是区的4.58倍。市教育局又额外对实验班进行了十个项目的语文综合能力测试，并从南通师范学校、省重点中学请教师来考核。数据统计：全班83.6%的学生考得出色，其中51.1%的学生达到了优秀，合格率100%。最后的结论是："李吉林班上的学生不怕考！"

当时南通市委与分管学校的副书记遇到李吉林，说了一句话："李吉林，你终于过关了。"李吉林感慨良多：传统观念的影响多深呀，考试成绩总是比任何一堂课，任何一个学术报告，任何一篇论文、一本专著，包括学生的实际能力都更容易使人信服。当然，这也从一个侧面证实了情境教学卓有成效。

人们的记忆总会选择性地抹去一些不愉快，但历史会记下事情的真实过程。情境教学实验一路走来，风雨兼程，并非到处是鲜花和赞歌。鲁迅先生笔下的过客，只是一路走去并不懈怠，不管前面是鲜花还是坟墓。李吉林也是一路走去，但是她揣着理想，朝着那鲜花盛开的地方、那美的彼岸走去。1989年已是省人大代表、省人大常委的李吉林，当选全国人大代表，她的专著《情境教学实验与研究》在国家教委举办的首届全国教育优秀成果评比中获得一等奖，紧接着又获得第二届全国教育优秀图书一等奖。这一年她51岁。40岁被评为江苏省首批特级教师，十年辛苦不寻常。五十而知天命，亲友们都劝她，政治上获得那么高的荣誉，学术上有了这么丰硕的成果，总该歇歇了。从世俗眼光看，李吉林可谓功德圆满了。

中国的明哲大多见好即收。然而，李吉林停不下她前行的脚步，她心底里从来没有对荣誉和成果的追求，她的心中唯有儿童，那些活泼可爱的孩子，她不能离开他们。她的一路行走、一路寻找，关注的是怎样让孩子们既享有即时的幸福，也能为他们终生的幸福奠基。叔本华说：人生是一团欲望，欲望不能满足则痛苦，满足则无聊，人生便是在痛苦和无聊之间徘徊。然而，对美的境界的追求超越了欲望，也超越了道德。她，就是长大的儿童，她永远快乐地生活在儿童天地里。教学与研究于她而言是很自然的事，是生命的本真，其乐无穷。

康德认为人类必须建树一个上帝，让一代一代的人有走向天国的追求。李吉林的上帝就是儿童，她的天国就是美的彼岸。既谓行走，当然有疲劳，有烦恼，有纠结，有对路径选择的苦恼。有干扰时，她只记取鲁迅对青年人的叮嘱：只是走你的路，不必忙于赶叮你的苍蝇。她行走在大地而不是飞翔于蓝天，像希腊神话中的安泰，不能离开大地母亲。她说思想可以飞跃，但行走于途，必须一步一个脚印。于是李吉林由情境教学实验启程，一路上历经"情境教学""情境教育""情境课程""情境教育与儿童学习"。一路行走，一路探索，一路收获汗水与快乐的成果——主持"九五""十五""十一五""十二五"国家级课题，一篇篇论文、一本本专著，获奖、表彰……

六

我总是想，小学老师是我的第一身份；进而我又想，既是小学老师，就要教好小学生，这是我的本分。我总认为一个人的角色意识很重要。它在顺境中给我一种召唤，在逆境中给我一股力量。

——李吉林

南通师范学校——李吉林永远的母校情结之所系，是清末最后一位状元张謇先生创办的中国第一所师范学校。青春的岁月是一曲青春之歌，三年的师范教育，是一位未来的教育家作为行走者起跑前的历练。学校老师的博学多才，对学生的关怀备至，教学的执著严谨，从校长到老师，言谈举止都堪为师表，让年轻的李吉林景仰而模仿，并深深影响她未来的教师生涯。李吉林师范毕业，班上许多同学都报考大学，作为一名优秀学生，她何尝不想迈进高等学校的门槛呢？但是为了母亲，在大学和小学之间，李吉林选择了小学。吴老校长对她说："你工作了，每月工资大概是 28 元。你和母亲生活也就够了。"那年秋天，李吉林走进小学——南通师范二附小，走到了孩子们的中间，在放弃上大学的同时，她尝到了作为女儿履行责任的一种快慰。

1956 年的初秋，李吉林走进小学，开学前，她就把教案背得滚瓜烂熟，连走路也在美美地念着，想象着自己和孩子们第一次见面时的表情和喜悦。心底里一直对自己说：当老师就得当好老师，当孩子喜欢的老师。课间她和孩子们一起踢毽子、打球，亲密无间，她的课上得生动有趣，校长听了，认为上得好，说她是棵好苗子。20 岁的她被抽到江苏省教育厅编小学语文参考书，在南京工作两个学期，受到许多名师的指点，教育厅长吴天石先生对她热情鼓励。1962 年，她作为最年轻的代表参加江苏省语文教学座谈会，并在会上作了发言，吴天石厅长很是赞赏。李吉林回到南通后，市教育局派工作组到她班上蹲点，天天听课，课课点评，本本作业本都检查，整整一个学期，虽说十分辛苦，但教学水平得到突飞猛进的提高。后来才知道，这是因为吴天石厅长特地嘱咐南通市委书记，告诉她南通有个青年优秀教师一定要好好培养。李吉林曾多次有机会离开小学，体育局、文化局多次要把她挖走，甚至强行下调令将她调走，去当运动员、当演员、当干部等，她都坚决地表示，不走，就当小学教师。

1966 年，李吉林 28 岁，正值人生黄金岁月，但一场文化浩劫席卷神州大地。一位刚刚崭露头角的年轻教师成了"小学里的反动学术权威"，一夜之间成了"黑线人物"。无情的打击接踵而来，大字报、批判、围攻、抄家……现在的年轻人已经很难想象当年的那种疯狂、冷酷和粗暴。一个政工干部一本正经地对她说："城里的学校，你不能待了。你应该到农村去，那里才是你思想改造的地方。"在那个风雪严寒的冬天，李吉林被贬到农村小学。迎着凄风苦雨，踏在乡村泥泞的小路上，她想起电影中的乡村女教师瓦尔瓦拉。苏联的小说、电影是那个时代年轻人的青春之梦，折射出他们冲破现实的束缚，抵达一个更为理想、更为广阔的世界的期盼。

在那非常年代，李吉林以教师职业的神圣感来鞭策自己，不让自己沉沦。在那惶恐不安的日子里，在那没有星星、月亮的夜晚，她常常默默地在灯下读鲁迅先生的杂文。早在 1934 年 4 月底，鲁迅就写信给曹聚仁说：如果天下崩溃之际，我如幸存，当乞红背心在上海扫马路。那对极端思维的高度警惕，那"直面惨淡人生"的勇气，那孤独反抗的精神，还有那救救孩子的呼吁，都成为李吉林的精神支撑。在农村学校，她坚持恪守其责，当好乡村教师。小草即使卑微，也要染绿春天。漫长的十年，她常常念叨三句话：第一句是普希金的"心憧憬着未来"；第二句是高尔基的"我从小是在和周围环境的不断斗争中成长起来的"；第三句就是毛泽东的"人总得有点儿精神"。十年，她没有随波逐流、沮丧消极，更没去揭发别人以谋自己地位和处境的改变。她依然是教师，她有自己的理想，她没有低下高贵的头。

十年"文革"以它的野蛮和暴虐记入历史，也成为这个民族永远不能抹去的记忆，对李吉林而言也是如此，不只是记下迷茫、屈辱和反抗，同时她也看到人类的良知怎样拷问每一个人的灵魂。李吉林回首动荡的岁月，更加深对生活的理解，看到人性之卑劣和高尚的分野，看到理性思维培育对学生成长的重要，看到审美趣味、审美境界的追求过程正是灵魂的铸造过程和人格的培育过程。整个民族，整整十年，那么多人，因温情的缺失而冷酷，因理性的缺失而疯狂，因审美的缺失而丑陋，因背离事实真相而是非颠倒。保持真诚的态度，说真话竟成为整个社会非常稀缺的元素。正是这种感同身受，正是这种痛心疾首，让她领悟到教育关联民族的未来，只有重塑教育，才能重塑世道人心。让她从《文心雕龙》和《人间词话》里提炼出"真美情思"四大元素，这是理论思维和情感悟性的结晶，也是李吉林道德人格的自我写照。

伴随改革的春风，李吉林重新回到孩子们中间，她有一种久违的滋润和舒适。作为教师不能不研究教学，作为小学教师一定要弄清楚整个小学阶段儿童学习语文的内在规律。她强烈地感受到孩子们对学习的渴望。然而，呆板、单调、封闭的教学使儿童越来越厌恶学习。怎样让课堂丰富起来？怎样让儿童快乐成长？她从中国古典文论"意境"说中受到启发。她带领学生走向自然，走向社会，那美丽的田园风光，那丰富多彩的社会生活深深地吸引儿童。看月亮的晚上，快九点了，孩子们嚷着要再看一会儿，再一会儿，大家都不肯走。观察野花的时候，她和孩子们一起吹蒲公英的种子，那一顶顶小伞飘飘悠悠地飞到小河那边。蓝天、白云、那会飞的种子、那清清的小河，正是诗的意境。儿童的所见、所感、所思是那样自然而然地通过语言得到表达，语文学习和儿童生活融为一体。

与她相知甚深的朱小蔓教授说："对于儿童，甚至对任何人来说，学习抽象的知识如果有一些比较可视、可感的依托作中介，就易于理解把握。李老师正是为着学生的需要全身心地、痴迷地钻研探索如何设置情境，摸索出以生活展现情境、以实物演示情境、以图画再现情境、以音乐渲染情境、以表演体会情境、以语言描绘情境的具体道路，其中前五种是运用直观手段，后一种则是与语言描述相结合。"语文活动就是审美活动，是感知美、理解美、表达美的过程，这是李吉林的感悟。

七

情境教育强调诱发主动性，强化感受性，着眼发展性，渗透教育性，贯穿实践性，以渗透着教者教育目的、充满美感和智慧的情境，在心理场中利用暗示、移情的原理，通过角色的转换，强化儿童的主体意识，促使儿童主动地投入其中，主动地活动，让他们在活动中获得充分发展。

——李吉林

20世纪80年代中期，世界教育改革的趋势开始明显地从科学化向情感化、人文化方向发展，全国范围的整体改革也热火朝天。

李吉林学习关于"系统论"的著作，明白了"整体大于部分之和"的原理；

学习物理学中的"场论"，悟出教育情境正是一个心理场；重温马克思关于人的全面发展的理论，自然而然地想到情境教学怎样从语文单科改革走向服务于儿童各科学习和全面发展的整体改革。

1992年中国教育学会在上海举行纪念小平同志"三个面向"发表十周年的学术研讨会，那次大会上，苏步青教授、吕型伟先生、瞿葆奎教授都作了大会发言，代表们一睹大师风采。作为小学教师的李吉林作了《情境教学——情境教育的探索与思考》的报告，她从拓展教育空间、转换角色意识、缩短心理距离、注重创新实践四个方面，以人的全面发展为目标，构建了情境教育的基本模式。李吉林的发言受到与会专家、教授的高度赞许，情境教学、情境教育虽一字之差，却由此走向一个更为广阔的天地。

1996年12月11日，"全国情境教学——情境教育学术研讨会"在南通师范二附小召开。原国家教委、中央教科所领导、省市各级教育行政官员、全国教育理论界的70多位资深专家、学者出席。这么多"大人物"走进小学，来参加一名小学老师教育实验的研讨会，这在中国教育史上是不多见的。原国家教委副主任柳斌作了重要讲话，他说："情境教育通过形真、情切、意远、理蕴的特点，巧妙地把儿童的认识活动与情境活动结合起来，解决了长期以来因注重认知忽略情感而带来的逻辑思维与形象思维不能协同发展的问题，有效地提高了学生的思维品质。综合起来说，就是把德育、智育、美育融合于情境之中，通过情境教育给予学生的不仅是生动活泼的新鲜知识，而且是一个健康的丰富的精神世界。"

1998年的夏天，李吉林接到教育部电话通知：中共中央办公厅、国务院办公厅联合发出邀请，请她赴北戴河疗养，并作为优秀教师代表作10分钟的发言。夏日炎炎，家里没有空调，她挥汗写稿。10分钟的稿子，她算了一下，一般语速1秒钟3个字，10分钟是1800个字。这1800个字要比平常写稿速度慢多了，稿子改了一遍又一遍，字字句句反复斟酌。在北戴河她受到江泽民、朱镕基等中央领导的亲切接见。在座谈会上她作了《运用情境教育，着力提高学生的素质》的发言，这是国务院办公厅给她的发言稿拟的标题。发言结束后，李岚清亲切地握着她的手说："你今天讲得很好！"还热情地说："请你向江苏老乡问好！"

2002年她申报国家"十五"重点课题："情境课程的开发与研究"。李吉林内心一直有个朴素的愿望，通过课程改革，让全国更多的教师能掌握情境教育的操作，共享研究的成果。情境课程围绕儿童、知识、社会展开，在优化的情境中促使学生主动参与，她概括出五点操作要义：以"美"为境界，以"思"为核心，以"情"为纽带，以"儿童活动"为途径，以"周围世界"为源泉，并整合出"学科情境课程""主题性大单元综合课程""野外情境课程""幼小衔接的过渡课程"四大课程网络。情境课程的开发与研究，使教师真正成为课程改革的主人，真正实现了李吉林将情境教育普及化的初衷。

2007年9月13日，李吉林主持的国家"十一五"重点课题"情境教育与儿童学习的实验与研究"，在华东师范大学举行开题报告，她说：从"情境教学"到"情境教育"再到"情境课程"，三个课题都是为了儿童，儿童也确实获得了发展。知识产生于特定的情境之中，是人类在特定的情境中发现，并逐渐发展起来的。离开了特定的情境，知识就成了文字符号，没有了任何存在的意义。儿童是学习知识的主体，知识是必须由儿童自主构建的。情境教学运用艺术的直观与语言描绘相结合所产生的情境是具象的，而不是抽象的，是可视可闻、可感可知的。越是具象的东西，越是能吸引儿童，越是能感动他们。但是，在优化的情境中，儿童究竟是怎么"学"的，这个问题我还不能作出很明确的回答，也就是我们还不清楚儿童学习的机理、内化的过程。学习过程中，儿童的大脑是怎么活动的？心理是怎么活动的？所以"十一五"课题就是要直面儿童学习的现状。

李吉林是一位教师，不辍地教书、读书、思考和著述，这是她对教师角色的履行。不停地行走、追寻和探索，是基于她对儿童的挚爱。作为新中国从小学教师中走出来的著名教育家，她说："激情与想象让我为孩子的幸福成长而追求教育的完美境界，从朦胧到清晰，从清晰到急切。也正是有了这样的精神追求，我自身便产生了一股劲儿，驱动着我去学习、去研究，如此日积月累，从一个普通的教师成长为一个有追求、有作为的教师。我不敢说自己是一个思想者，但我觉得，即便是小学教师，也应该有自己的思想和教育主张，那么，我们就可以问心无愧地说：我是一个思想者。"

八

我身边的年轻人，在时代的激流中，在老人和孩子的期待中奋力向上，像雨后的春笋般地往上长，我只有羡慕和快乐。

——李吉林

2009 年，《李吉林文集》荣获"第五届中国教育学会科研成果奖"一等奖，国家领导人许嘉璐副委员长亲自为她颁奖。这标志着中国情境教育学派的创立。名为学派一般都有如下特征：其一，有核心的代表人物，以及围绕核心人物形成的学术思想群体；其二，成员共同拥有近似的学术精神，其学术信仰与倾向也保持着基本一致；其三，由学术精神衍生出相应的学术方法，给人们提供了观照世界的新视野和新的认知可能。情境教育是当代中国主要的教育学派。李吉林担任所长的江苏情境教育研究所，于 1998 年由王珉副省长揭牌成立以来，除主持国家级课题研究，还创办了自己的杂志和网站，十多年来吸引与汇合了一大批中青年学者，培养了大批中青年优秀教师，影响和引导着千千万万教师的成长。

厚重如山，空灵如诗——李吉林的诗人气质和教育艺术修养，她的情境教育思想不仅给少年儿童以良好的教育，而且感染、影响了无数青年教师，引导他们成长，促进他们追求理想，改变他们的教学和生活的方式，同时也给整个社会树立了教育与教师的良好形象。

南通师范二附小的唐颖颖老师深情地说："李老师是我的启蒙老师。我是她第一个情境教学实验班的学生，是李老师教会我第一个字，是李老师第一次让我们用自己的眼睛观察世界；是李老师第一个使我明白做人的道理。当年李老师教我们的一幕幕，至今我还记忆犹新。十多年来，我心中一直深印着李老师——一个最美好的、最令我崇拜的形象。初中毕业考试，我达到了重点中学的录取分数线，但是我放弃了。我想走李老师的路，于是毫不犹豫地走进了南通师范学校。如今，我的许多同学上了大学，但我并不觉得自己没出息，也并不后悔。我更坚定了重新当李老师学生的决心。我要学习她对祖国深沉的爱，对事业的执著，对工作的热情与严谨……"

特级教师施建平永远铭记着李吉林老师对他的帮助和关怀，他说："我忘不了那个秋天的深夜，万籁俱寂，唯有不甘寂寞的秋虫对着明月没完没了地演奏，人们都已入睡了。此时，在李老师家的书桌旁，她正为我修改着《将相和》一课的教案。她已经是第五次为我修改这一课的教案了。她边改边给我讲，帮我厘清教学思路。看得出来，她已经很疲劳了，她大口大口喝着浓茶，一次又一次地在太阳穴上抹着清凉油。尽管她强打精神，却掩饰不住为接待外地来的老师上午开课、下午作讲座带来的疲倦。她改得那么认真，每句话都反复推敲；她改得那么仔细，甚至不放过一个标点。就这样，直到改完最后一句话。接着又亲自帮我做教具。当我离开李老师家时，已是明月西斜了。我一估算，李老师在这一课上花的时间甚至超出了我自己。那天夜里，我失眠了，为了明天的公开课，更为李老师那颗滚烫的爱心。""最难忘的是那个冬天，记得那天天上下着鹅毛大雪。下午下班后，我来到被我戏称为'火柴盒'的宿舍。北风毫不客气地从小窗户的缝隙中钻进来，宿舍里冷得像冰窖。那时，学校不供应晚餐，所以只得中午多打些饭，晚上用开水泡了吃。看着饭盒里硬邦邦的米饭，我无可奈何地拎起水瓶。正在这时，门开了，李老师穿着风衣、裹着满身的雪花走了进来。她一手拎着一小篮鸡蛋，一手托着个小小的酒精炉。我接过这不算重的鸡蛋和火炉，感到是那么沉、那么重；这冰冷冷的'火柴盒'里好像一下子划亮了许多火柴，又是那么暖，那么热。我当时感动得甚至没能说出一句道谢的话。我是一个性格内向的人，我只能用模糊的泪眼望着李老师茫茫大雪中的背影，在心底里喊一声：'谢谢您，我的恩师！'"

马克思说，"每个人都在既定的条件下创造历史"，这是人生的必然，但每个人有怎样的人生际遇，这又是命运的偶然。人的发展方向、成长速度和所能达到的高度，取决于他的生存环境，取决于他的交往层次，即他在人生的旅途中遇到谁。有哲人说，人生的三大幸事是，在生命之途能遇到良师、益友与心心相印的爱人。班杜拉的社会学习理论也告诉我们，人的成长一定要有楷模和榜样的引导。当今之世是一个社会急剧转型的时代，逃离崇高、回避英雄、躲闪庄严、拒绝高雅已成为一种时尚，人格的萎缩、文化意识的消退已成为一种不可遏制的趋势，由文化塑造的精英意识在瓦解，人文知识分子不断被边缘化。然而，如果知识分子的心灵追求不再向往优美与高贵，如果为人师表者的情感完全在世俗中物化，他们的精神在娱乐世界的享受中枯萎，那么，这个民族的下一代还有希望吗？这个民族还有希望吗？

宋儒张载以"为天地立心，为生民立命，为往圣继绝学，为万世开太平"，表达一名儒生的追求、使命和宏愿，成为无数中国知识分子的座右铭。教育家应是知识分子中的精英，是社会和时代的楷模。在信仰消失的时代恪守对学术的虔诚信仰，在精神沉沦的时代追寻"精神之学问"，在教育失范的背景下，坚守师道的尊严，把终极价值和人生意义化为日常的教学行为，融入百折不回的学术思考和探索之中，她向整个世界奉献她的大爱，她以挺直的脊梁担当历史的重任，她以人格魅力引导年轻的一代。李吉林老师不仅是青年教师的良师益友，是他们的精神导师和学术楷模，也是整个民族和时代的师表。

教育部原副部长王湛指出："李吉林老师情境教育成功的后面，我们感受到另一种'情'和另一种'境'。这'情'是她对教育事业的忠诚之情，对儿童和学生的挚爱之情；'境'是她'锲而不舍，金石可镂'，不断进取，永攀高峰的境界。有了另一种'情'与另一种'境'，才有她'衣带渐宽终不悔，为伊消得人憔悴'的执著努力，才有她'蓦然回首'一般灿烂光明的成功景象。"

情境教育的独特意蕴和李吉林老师的人格魅力，赢得众多的追随者，一大批青年教师在情境教育的影响下成长为名师、特级教师、著名校长。2012年，《我们是长大的儿童——情境教育中走出的名师》一书在教育科学出版社出版。24位教师回顾成长的历程，讲述自己成长的故事，从不同的侧面表达对李吉林老师的倾慕感激与崇敬之情。"一枝一叶总关情"，无论那充满意趣活力的教学案例，还是那富有激情哲理的教学理念，无不显示情境教育的学术价值，与李吉林老师的高尚品格。莘莘学子有幸得遇李吉林老师，青年教师有幸得遇李吉林老师，这是他们人生的幸事。教育是薪火相传的事业，我们的时代、我们的民族需要千千万万李吉林这样的老师。袁振国教授说："情境教育如同一棵枝繁叶茂的大树，李老师的研究探索支撑起了树干，同时将养分输送给一片片新叶，而这些新叶舒展、汇集，必将托起一朵朵绿色的云。"

九

各国的教育都是世界教育的一部分，相互通融，兼收并蓄，是教育家和老师们共同的追求和行动。其间，蕴含民族文化特色的教育，更易于走向世界。

——李吉林

早在2002年12月，华东师范大学举办首届"建构主义与课程教学改革国际研讨会"，邀请了中国、美国、荷兰、新加坡、日本等国90多位专家、学者。李吉林作为主讲嘉宾，向大会作了《情境教育：促进"儿童、知识、社会"的完美建构》的演讲。这不仅是李吉林情境教育的声音，也是向世界传播中国教育改革的声音。尔后，在北京举行的"国际交流论坛"、苏州举行的"国际学习科学论坛"、上海举行的"国际校长论坛"等会议上，李吉林以她特有的精彩，引来众多代表的关注。李吉林接收世界现代教育信息，也向世界教育捧出自己的成果，推动中国教育走向世界。

2008年11月22日至24日，"李吉林情境教育国际论坛"在江苏省南通市举行。作为第一个召开国际教育研讨会的小学教师，她吸引了来自美国、英国、日本等国的教育专家及国家教育部、中国教育学会等机构和北京师范大学等数十所高校的近百名教育专家学者参加会议。李吉林作了《中国情境教育建构及其独特优势》的主题报告，美、英、日等国专家及国内众多著名学者给予了高度评价。与会专家认为，李吉林情境教育研究早于国际上认知及情境学习理论的提出，在很大程度上超越了卢梭的自然主义，赫尔巴特的唯理主义和杜威的实用主义教育哲学，她植根于中国民族文化，又很好地借鉴了第斯多惠的发展性教学和苏霍姆林斯基的教育思想。李吉林教育思想是一种融会贯通的文化，不仅具有中国本土意义，也具有国际性、世界性的意义和价值。国际论坛表达了中国文化和教育的一种尊严，李吉林是中国教育的一个文化符号，情境教育则是彰显时代精神的"中国声音"。

2014 年，李吉林老师应邀出席由美国国家科学基金会（NSF）、经济合作与发展组织（OECD）、联合国教科文组织（UNESCO）、香港大学、上海师范大学和华东师范大学联合举办的"学习科学国际大会"，并作了主旨发言。

日本名古屋大学的场正美教授高度评价了情境教育着力培养儿童创造性思维的观点，认为儿童的创造性应位于思考的首位。他说："昨天我在听语文课的时候，我感受到了儿童在课堂里面有着丰富的想象力。通过李老师的情境教育的实践我感受最深的是儿童有了很丰富的想象力。想象将体验与内部言语结合起来，产生了言语。这很好地揭示了'情境—言语的获得—文化的重新建构—思维发展的实践力形成'之间的关系。李老师的情境教育对日本综合性学习也有启示。昨天我们观摩了情境教学活动，从中我体会到了综合学习的重要性。"

李吉林 20 年间主持"八五""九五""十五""十一五"四期教育部重点课题，同时完成四本专著，并先后获得教育部颁发的三届一等奖。2011 年，李吉林再次荣获一等奖，并作为全国唯一获此大奖的小学教师赴京，由国务委员刘延东亲自给她颁奖。由于李吉林的突出贡献，2009 年她入选了"50 位新中国成立以来感动江苏人物"及"20 位新中国 60 年江苏教育最有影响人物"，2011 年

1 月又被评为"感动江苏教育十大人物"。2011 年教师节，李吉林当选为"2011年全国教书育人十大楷模"。

从情境教学的探索到情境教育的构建，再到情境教育课程的开发，这就是李吉林老师的教育思想从实践到理论，又从理论到实践的深化过程，也是李吉林教育思想的三部曲。中国教育学会会长顾明远先生评价说："李老师吸纳'意境说'的理论滋养，阐明情境教育的特质及其独特优势。理论构架从局部到整体，以情感为命脉贯穿其中，以民族文化为精髓，使情境教育具有中国文化的内涵，充溢着本土气息。李吉林情境教育思想体系的形成，标志着有中国特色的、原创的教育思想流派的出现和成熟。"

李吉林说："35 年来，从哲学、美学、心理学到教学论，我都认真学习，对脑科学的成果一直关注。这两年又研读学习科学，可以说，我是一个较为勤奋的学习者，为找到情境学习能促进儿童快乐高效学习的理论支撑，我持久地下功夫。我终于揭开儿童学习秘密，这个黑箱的一角，黑箱里有了光亮，渐渐地看清了，揭示儿童情境学习的相应具体策略：一是基于学习知识的复杂性——利用艺术之美，经验之可贵，在情境中整合知识；二是基于学习过程的不确定性——驾驭情感生成的驱动，推进学习过程；三是基于学习系统的开放性——着力在活动中，在践行中建构知识；四是基于开发潜能的不易性——不失时机地发展想象，培养创造力。35 年间，我概括的一系列主张和策略得到了脑科学的支撑，我无比欣喜，我想说：是伟大时代造就了我，是儿童给了我智慧。"

回顾情境教育发展和个人成长的历程，李吉林心中充满感激之情，她说：与国际上小学老师的学术地位相比较，我可以毫不含糊地说：只有中国的小学教师才能一个个、一群群如此幸运地登上教育科研的宽阔的平台，并获得屡屡硕果，成为学者型的老师。我由衷地感谢各级领导和众多专家以及学校老师们的关爱、支持和指导，感谢伟大的时代，赞美我们的祖国！

（作者叶水涛系江苏省教育学会副会长）

余映潮

特级教师，全国中语会学术委员会副主任，全国中语会名师教研中心主任，教育部"国培计划"首批培训专家之一。湖北省荆州市教研室原中学语文教研员，中小学语文课堂教学艺术研究专家，中小学语文教师培训专家。被誉为"中青年语文教师课堂教学艺术研究的领军人物"。已发表各类教学文章约 1500 篇，出版了《中学语文教例品评 100 篇》《怎样学语文》《余映潮阅读教学艺术 50 讲》《听余映潮老师讲课》等 12 本专著。创建了全新的"板块式、主问题、诗意手法"阅读教学艺术体系，形成了独特的"积累·精读"课堂教学艺术特色。

我的课堂教学艺术研究

遥远美丽的星光

1966 年 7 月，我 19 岁，高中毕业于湖北省教学质量最好的中学——武汉市华师一附中。

据说我是当时最有希望考上上海第二外国语学院的学生，在华师一附中 1966 届的毕业生中，我的英语成绩一直领先，名列前茅。

但"文革"已经于当年 5 月开始，所有学子的大学之梦化为乌有。

两年后，1968 年 12 月，21 岁，我被下放到荆州地区监利县的农村。当农民，做农活，当民办小学的老师。

1973 年 12 月，26 岁，我被推荐为工农兵学员，到监利师范上学。能够上学让我心存无限的感激；从上学之日开始，我不再是武汉下乡知青中的农民。

1975 年 9 月，28 岁，我回到下放乡镇的中学任教，终于成为"公办"教师。这意味着，在 28 岁的时候，我在一个乡村小镇上有了一份"教师"的工作。

1979 年，32 岁，我开始中文本科的函授学习，成为了一名中学语文教师。

从此开始了我的中学语文教育事业。

1982 年 9 月，35 岁，我调到监利县教研室任中学语文教研员。"语文教学研究"的广阔原野开始展现在我的面前。

1984 年 9 月，37 岁，我于华中师大本科函授毕业。

从 19 岁高中毕业到 37 岁获得大学文凭，我走过了近 20 年的光阴。

1984 年 9 月，我被调到了荆州市教育局教研室，任中学语文教研员。

从 1968 年到 1984 年，我在监利县生活了将近 16 年，其中约有 14 年在农村，在乡镇。

16 年，我将生命中原本应该是非常美好的大约 6000 个青春的日子留在了异乡的乡村土地上。

1984 年到 2007 年，我在荆州市教研室做了 23 年的初中语文教研员的工作。在这个以农村为主的地区，我的初中语文教学研究工作进行得波澜壮阔。

1992 年 12 月，45 岁时被评为高级教师。

1997 年 12 月，50 岁，被评为湖北省特级教师。就在这一年，我开始走上讲台进行教学实践，于是就有了"50 岁过了学讲课"的佳话。从此走向了中学语文课堂教学"不离学术，不离实践"的艰苦探索之路。

2007 年 4 月 2 日，我满 60 岁。5 月，为社会健康地工作了 40 年的我退休。荆州市人大、政协、教育局、教科院为此隆重举行了为期两天的"余映潮语文教育研究"活动。

退休之时，我已经出版六本专著，公开发表的论文超过了 1000 篇。我主持的荆州市初中语文教学研究名满全国。

2008 年 11 月 25 日，全国中语会第九届学术年会在杭州举行，我当选为全国中语会学术委员会副主任。

2013 年，我连任此职。

……

2008 年年末，我写了这样一首无题小诗：

　　　　　　1968 年 12 月，

　　　　　　我下乡了。

　　　　　　江轮驮着忧郁的学子，

　　　　　　在阴暗的天空下，

　　　　　　沉重地驶向渺茫的远方。

　　　　　　四十年过去了，

　　　　　　我举家回到了武汉。

　　　　　　当年那让人难以生存的

　　　　　　艰困日子，

　　　　　　现在已像遥远美丽的星光。

　　这首诗是我为纪念自己下乡 40 周年而写的。我很喜欢最后那一句："当年那让人难以生存的艰困日子，现在已像遥远美丽的星光。"它表达出来的，是我对生活、对岁月的真实而诗意的感悟。

　　生活曾经折磨过我们，生活又让我们回过头来品味这种折磨的深长意味。

　　我把这种对生活的诗意感悟看作是点缀生活的温暖火花，有时候它确实是不经意的一闪，但它也确实能够长时间地滋润我的心田。

　　生活中富有诗意的日子并不是很多，对生活的诗意感悟与回忆会给往昔平淡或者苦难的日子增加诗味。

命运的转折起于这里

　　我当年下放的地方叫王家湾，王家湾有一所村办的"王家小学"。

　　我的命运的转折起于这个地方。

　　1971 年 5 月里的一天早上，我和农民们在离村子很远的水田里插秧。

　　王家湾的水田，由湖底的"垸子"形成。一望无际，水深过膝。弯着腰插秧的时候，如果从腿缝中向后看去，一片绿水，不知尽头。对于知青而言，插秧是一件很恐怖的事情。一天到晚，永无止境的秧田，永远弯腰驼背的姿态，永在水田的深水烂泥中的拔腿后退，让人苦不堪言。

　　但我能够坚持。从"开秧门"以来，我已经坚持20多天了。晴天，人在水田里，上晒下蒸，还要穿着厚厚的长袖衣服防晒；雨天，则要身披厚重的蓑衣，把裤腿卷得高高的，不能让雨水将身上浇湿；头上的斗笠则是不论什么日子都要戴着的，那是劳动的规矩，不戴斗笠，晴天或者雨天都会与你过不去。

　　早上的水田，还有着浓重的凉意。弯着腰分秧插秧，随着溅起的细小水花，一排排嫩绿的秧苗立在了水中。

　　不知什么时候，生产队长带着一位学生站在了田埂上。队长告诉我，王家小学的校长请我到学校去一下。

　　从水田里上来，赤着脚，带着满腿的泥巴，跟着那位学生，我来到了王家小学。这所学校像一座小小的四合院，三面是教室，一面是低矮的办公室。

　　校长的年纪有点大了，他曾经是新四军的战士，李先念的部下。他问我能不能帮着代几天语文课。

　　我说可以啊。

　　他给了我一本书，说让我给四年级的学生上一节《国际歌》，还问我要不要备课。

　　我说不用，带着满腿的泥巴走进了教室。

　　这是我一生中的第一节语文课。

　　下课了，学生们像燕子一样飞向了校长的办公室，校长在门口笑呵呵地问他们："这个新老师怎么样？"

　　孩子们竟然说："这个老师好，他说的是广播声音！"

　　于是我就继续代课了，同学们开始称呼我为"余老师"，而我生活的那个小队的学生一时难以改过来，仍然称我"小余哥"。

新的学期开始，经过王家小学与大队、小队的协商，我仍旧留在小学里教书，我的姓名上报给了区教育组，我的工分在小队里记，粮食柴草由小队里供给。

我当上了民办老师了！

然而好景不长，由于王家小学的民办老师也是让人羡慕的工作，我就被安排去教"跑学"，那倒是人家不怎么喜欢做的事。

教"跑学"，就是跑着路去教学，就是不在学校里教学，而是每天走遍这个大队里的每一个小队，到农户家中，集中小队里没有能够上学的适龄儿童，给他们上课。

这是典型的复式教学，从启蒙到小学五年级，各种层次的孩子都有。

跑路，教学，是很劳累的工作。

但我极认真地做着这件事，迎着晨光，披着暮色，乐此不疲。我生怕有一天，又让我回队去插秧。

我每天都提着一把胡琴，带着一只哨子，背着一个书袋，进行我的教学旅行。到了一个地方，哨子吹起来，胡琴拉起来，孩子们聚拢来，教学就开始了。

休息的时候，我就教孩子们唱歌。我的教学，力争让这样的学生也全面发展。

农民们很欢迎我，在我的"农家教室"里，常常有前来观看的人。

有意思的是，有一次在区里组织的小学五年级的语文考试中，我教的学生中竟然有一个得了第一名。

于是我的名声大振。在暑假学习班上，区教育组长居然将全体民办老师作为"学生"，让我给他们上了一节"示范课"。

这样的教学，一直持续到 1973 年 11 月。12 月份，我就被区教育组推荐到监利师范读书去了。

……

那些年的生活非常辛苦，就像我在自己的《一直向前走》中所写的那样：

在很长的一段时间里，我在那窄窄的田间小路上奋力前行，走过春的泥泞，夏的炙烤，秋的风霜，冬的漫长，每跨出一步都会感觉到痛苦；在又一段很长的时间里，我提着胡琴，背着书袋，串村走乡，沿途设点教"跑学"，每天的生活就是在奔波中感受劳累……

那些年生活中的压力，不论那让人体力不能胜任的沉重的农活，还是连当地的人都不愿去做的教"跑学"的工作，我都坚持下来了，哪怕环境再艰苦，哪怕身体再瘦弱。

生活告诉我，在一步一挪的坚持着的苦捱之中，也许会有援助之手不经意中扶了你一把，也许会有稍微宽阔一点、平展一点的道路出现在你的面前。

这就是磨炼的意义。

我的苦读

在我35岁、女儿快上小学的时候，我从乡下走进了县城，走到了中学语文教研员的岗位上。又过了两年，我成为荆州市教研室的中学语文教研员。

"教研员"，这平实而又内涵深刻的称呼，它给了我多少次的激动与自豪，又给了我多少次的鼓励与警示。

它严肃地告诉我：

一个教研员事业有成，离不开十个字：敬业，环境，毅力，智慧，学问。

一个教研员应该具有多方面的素养，但有三个方面的素养尤为重要：服务教学的思想意识，崇尚科学的思想方法，淡泊名利的思想境界。

它认真地告诉我，厚重与深刻，表现于读书的数量与方法。

许多年中，我用最笨拙而又最科学的方法读书。

许多年中，我用最辛苦而又最有用的方法读书。

许多年中，我用最麻烦而又最精细的方法读书。

那就是做读书卡片。

1979 年以来，我所订阅的每一期刊物的封面上，都有一个大大的"卡"字，这说明我已经读过它而且做过读书卡片了。

我的手中所拥有的，是数以万计的资料目录索引和资料卡片，这是覆盖面极大的、内容丰富的教研情报。国内数种语文刊物的历年精美文章的目录，被我分门别类地收进各个专题研究的目录卡片中。

这些卡片的类别划分细密。如阅读教学类，就分为综论、记叙、说明、议论、小说、散文、诗歌、戏剧、文言文、语言、词语、句义、段意、讲读、自读、语感、教例、课型等小类，每一小类都拥有大量资料目录。

这又读又记的需要时日的读书生活，是我的"四季的耕耘"。其实岂止只是耕耘，更多的是钻探。

现在回想起来，常年多侧面、多角度的分析、思考与提炼让我发现了语文教学很多方面的规律，更让我发现了很多无人问津的空白，我的教研工作总有着新鲜而开阔的视野，我在宏观思考和微观操作中都获得了无尽的收获与乐趣。

1993 年，我用上了电脑，但手抄笔录仍在进行。

为了读书，我节假日很少休息过。

在读书之中，我学会了听电视。

有同仁问我：你是怎样坚持下来的？

我说：每天做一点吧，走一步，走一步，再走一步。

人，在很累的时候，要像运动员那样，挥一挥紧握的拳，鼓励自己。

开始了领先于全国的案例研究

1993 年起，我在写作上有了一次自认为伟大的征程，那就是用了近八年的时间，完成了中学语文 100 个案例分析的写作。

1992 年秋，湖北大学邹贤敏教授主持《中学语文》杂志社工作后"出访"

的第一站，就是荆州地区。在荆州地区教育局招待所里，邹先生谈到，《中学语文》杂志要以更大的力度，拿出更多的篇幅，刊载更实用的文章，既为一线的中学语文教师的教学服务，又为中学语文教学科研服务。这位从中国人民大学首届研究生班毕业的、从事美学教育的资深教授，言谈之中非常希望在中学语文的杂志创办上有所创新与突破。

我很小心地向先生提出，自 1979 年国内中学语文杂志复刊以来，我在苦读中搜集了不少精美的教例，我想从评析欣赏的角度，写一些理论与实际密切结合的短文，如"教例品评"之类的文章，目前中语界的刊物上还没有出现过，而我是可以写的。

邹先生说：好啊，你写吧，写多少我要多少。

"写多少我要多少"，这是我从来没有听到过的让人觉得非常惊讶、极受鼓舞甚至不可思议的话语。人们都知道，刊物上是很忌讳让同一位作者的名字反复出现的，也是很难做到让一个精品项目年深日久地坚持下去的。

然而邹先生在 1993 年鲜明地亮出了"教例评析"这个栏目，于是我的教例评析短论开始一篇又一篇地寄到武昌，寄到湖北大学《中学语文》编辑部，寄到邹先生的手中。

先生不断地有话传过来：

映潮，告诉你，北京的老师们有信来，说很喜欢你写的教例品评文章。

映潮，栏目反响很好，这是全新的写作体例，每一篇文章都要写成精品。

映潮，稿件写多了以后，评点就会更加困难，注意角度，注意语言不重复。

映潮，胡明道老师有信来，称赞"教例评析"栏目是"精品屋"，我准备刊发她的评价。

……

我在不断地写作，《中学语文》不断地在发表。

这真正是当时国内同类刊物中的专栏作品"之最"。在邹先生的支持下，"教例评析"栏目响亮地展示了近八年；这也可能是新中国成立以来中学语文专业报刊中由一位作者写作出来的数量最大的一个专栏作品，整整 100 篇。

至今都还有人在赞叹，《中学语文》杂志，在邹先生的主持下，从 1993 年起就开始领先于全国中语界而进行深入扎实的案例研究了。

2000 年，我的专栏文章《中学语文教例品评 100 篇》由武汉出版社结集出版。

在论文写作上，我从来没有停歇过。

多年以来，我的写作对象主要就是专栏文章。

在《中学语文教学参考》张吉武先生的支持下，我曾经为杂志写了七年的专栏，一部 30 多万字的《余映潮阅读教学艺术 50 讲》早已结集出版。

在《语文教学通讯》桑建中先生、刘远先生和张水鱼老师的支持下，我的《名师讲坛》专栏于 2004 年开设，一直写到 2013 年，共写了 80 篇关于"教学细节设计的艺术"方面的文章，2014 年 4 月，这 80 篇文章由广东人民出版社结集出版，即《余映潮语文教学设计技法 80 讲》。

2005 年，我创造了在《光明日报》上连载十篇教学艺术短论的光辉纪录。

一直到 2014 年，我仍然在为《中学语文教学》与《语文教学通讯》各主笔一个专栏。

可以说，在专栏论文的写作上，还没有人像我这样写过年代如此长远、种类如此丰富、数量如此众多的专栏文章。

而这一切的源头，则是那动人心魂的"教例评析"专栏。

现在的我，正是由于"教例评析"专栏的写作，真正地走入了课堂，走上了讲台。

我的第一次公开课

我第一次上公开课，是在满了 50 岁以后。

在这以前，我没有那样的机会。

知青下放，务农，当民办教师，成为"公办"教师，到乡镇教书，当县语文教研员，成为地区教研室的语文教研员——当我步履艰难地走过这一个一个的生活场景时，我已经近40岁了。

"教例评析"写到了1997年，年过半百的我突然有了走上讲台给学生们讲课的冲动：是啊，已经评点了几十个教学案例了，天下的风光被我尽收眼底，那么多名师的教学艺术被我提炼出来，我为什么不能自己上台讲课？

我将这种想法说与监利县的教研员邓禹南老师听了。我说：我很想讲一讲课啊，你在偏远的乡镇里帮我找一所学校试试吧，千万不要组织人听我的课。

于是，1997年11月26日下午，监利县周老镇直荀中学的操场上，我开始了我的第一次公开课。

这次课，应该说事先是"保密"的。但等我到达时，很多老师已经知道这件事了。大家从来没有听过教研员上课，都想听一听地区来的教研员是怎样上课的。

天气很冷。上课之前，天公也来作美，霏霏细雨骤停，没有风也没有雨。从四面八方赶来听课的语文老师有200多人。这里没有大的教室，一时也难以找到可以供这么多人听课的地方。学校方面非常为难，商量去镇上租一个什么地方。我说，就在学校操场里上课吧，一个篮球场就能解决问题。

大家赶快行动，从教室里搬出桌椅，在学校湿漉漉的篮球场上摆开了阵势，黑板放在体育老师喊操用的土台上。

学校给我安排了两个班的学生。我站在土台的下面，听课的老师们把两个班的学生围在了中间，气氛热烈。

我带了两个课过来，一是郭沫若的《天上的街市》，一是文言课文《口技》。

这个镇是柳直荀烈士牺牲的地方。柳直荀烈士的墓，离学校大门只有200多米。墓前大碑刻有毛泽东手书的《蝶恋花·答李淑一》，还刻有李淑一给毛主席的信。上课时，我将毛泽东的词《蝶恋花·答李淑一》插入了《天上的街市》的教学。

在《天上的街市》的教学中插入《蝶恋花·答李淑一》，既起到了烘托作用，又起到了对比作用：诗是诗人的诗，词是领袖的词；二者都有想象，前者想象星空，后者想象月宫；前者表现出浅吟低唱的韵味，后者显现出豪放雄浑的风格；前者表达了对美好理想生活的向往，后者抒发了对为理想而献身的先烈的怀念。它们在一起，让同学们在诗词的学习中体味了音乐美，品析了图画美，感受了情感美，同时也加深了对生活的理解特别是对幸福生活不是凭空而来的理解。在这特殊的环境中，这样的教学非常富有感染力。

那一天，我的感觉真好：我终于走上了讲台。

……

现在，我已经在全国各地讲授了无数节公开课。

人教社初中语文教材中的经典篇目，差不多被我讲完了，甚至连小学语文的公开课，我都已经讲到了第 50 场。

我因此而有深深的感触：

中学语文教育教学研究中还有无数个空白无人问津或者涉之不深，任何时候进入这种研究都不能称之为"迟"。

哪怕你到 100 岁的时候，只要你有兴趣，还有研究的空白在等着你。

我所创造的"板块式"阅读教学思路

在阅读教学方面，经过长期的探讨与实践，我创造了两种实用的、得到专家和同行认可的教学技法。

一是课堂阅读教学中的"板块式"思路。

一是课堂阅读教学中的"主问题"设计。

先谈一下我所创造的"板块式"阅读教学思路。

1993 年 3 月，我的系列论文"中学语文教例品评 100 篇"开始在《中学语文》杂志上连载。第一篇文章就是评点上海市特级教师徐振维的《〈白毛女〉

选场》教学案例。在评点文字中，我提出了"主问题"的概念，同时提出来的，还有"板块式"这种说法。（见《中学语文》1993年第3期《只提了四个主问题——〈《白毛女》选场〉教例评析》）

评点文字如下：

此教例出自"大家手笔"，颇有大家风度。

从课堂教学的总体设计看，此为"抓纲拉网式"教学。这堂课的"纲"，就是分析语言、动作与人物的身份、性格之关系；这堂课的"网"，就是教者设计四个"主问题"所涉及的有关知识内容，教者抓纲挈领，纲举目张，利用四个问题切切实实地把课文从整体上各有重点地挖掘了四遍，不仅文体教学的特征分明，而且教学容量之大，令人惊叹。

从教者所设计的四个"主问题"看，这节课呈现一种"板块式"的课堂教学结构。每一问题，都引发一次研究、一次讨论、一次点拨。四个主问题形成四个教学的"板块"，结构清晰且逻辑层次分明；每个教学板块集中一个方面的教学内容，既丰富、全面，又显得比较深刻。

再从四个"主问题"本身看，问题的设计极富特征。这四个问题，可称为"串问"或"顶针问"，四个问题一个接一个，涉及的内容一个比一个精细、深刻，似乎一气呵成，组成了完满的教学结构。它们在教学中的作用主要为：第一，既是提问，也是在告诉学生如何去分析剧本中的人物性格、身份，"问"中有丰富的知识暗示；第二，既是提问，也鲜明地表现了教学思路和教学层次；第三，既是提问，也是牵动对学生智力、能力进行开发的手段。课堂上学生紧张的阅读、探寻、答问、讨论，教师的引导、点拨，形成多方向、多层次的交流，教学气氛活跃，能够最大限度地激发学生探求的热情。

从此以后，"板块式"和"主问题"就成为我倾力、倾心的研究目标。

1998年，又经过几年的研究之后，我的长篇论文《初中语文课堂教学中的"板块式思路"教学设计例谈》分为上下篇分别发表在国家级专业杂志《语文教学通讯》1998 年第 9 期和第 10 期上。

随即，中国人民大学报刊复印资料《中学语文教学》杂志于 1999 年第 1 期收录了这两篇文章的目录。

2000 年，《语文教学通讯》第 7 期发表了我的新的研究成果：《板块并列式思路》。

2000 年 7 月 29 日，在云南昆明举行的第三届"语文报杯"全国中青年语文教师课堂教学大赛报告会上，我作了关于"板块教学设计的六种思路"的学术讲座。

2001 年 3 月，在湖北省教育学院省教育咨询部初中语文教学研讨会上，我作了《谈"板块式"阅读教学思路的设计》的演讲。

2003 年，《中学语文教学参考》第 6 期、第 7 期分别刊发了我的《教学思路的设计艺术·板块式思路》的上下篇。它们是"余映潮阅读教学艺术 50 讲"中的一部分。

2003 年，《语文教学通讯》发表全国中语会原理事长张定远先生介绍我的长篇文章《余映潮——善于创新的中学语文教研员》，文中专门用了一个段落评说了我所创造的"板块式"教学思路：

他创造了"板块式教学思路"，他的学术报告《板块式阅读教学设计的六种思路》在第三届"语文报杯"全国课堂教学大赛上受到欢迎。在这样一种教学创意下，教学结构呈"板块"状而又灵活多姿，组合丰富，可以充分地表现教师设计教学时的技艺、创新意识与审美意识。在阅读教学中运用板块式思路，可以使教学结构更加清晰，使教学过程更加有序，使教学内容更加优化，使教学过程更加生动。对于传统的教学结构而言，板块式教学设计是一种很有特色的创新，是很有力的挑战。再次，他多角度地丰富了学生的课中活动……

（摘自《语文教学通讯》2003 年第 7 期）

2005 年 9 月，上海方略教育集团从上海来到荆州，拍摄了我的《"板块推进式"教学模式》专题讲座。

2005年，我的专著《余映潮阅读教学艺术50讲》出版；2006年，我的专著《听余映潮老师讲课》出版；2008年，《余映潮讲语文》出版。三部著作之中，均有对"板块式"思路的论述。特别是《余映潮讲语文》，用了一个章节来阐释"创新的'板块式'教学思路"。

2012年，我的专著《余映潮的中学语文教学主张》出版，同样专门安排了有关章节介绍、阐释"板块式"教学思路与"主问题"教学设计。

1997年以来，我通过我的教学实例来表现"板块式"思路的魅力，我的约200个课堂教学的案例，几乎都与"板块式"思路有关，它们绝大多数都运用了"板块式"思路的设计手法。

所谓"板块式"思路，就是在一节课或一篇课文的教学中，从不同的角度有序地安排几次呈"块"状分布的教学内容或教学活动，即教学的内容、教学的过程均呈"板块"状分布排列。

这样的教学就是我们所说的"板块式"教学设计思路。

它与一般的阅读教学思路的区别在于：一般的阅读教学思路是"线性"的，基本上是开讲，一个段一个段地分析，然后小结课文特点。而"板块式"思路是呈"块状"的。这种块状设计，主要着眼于学生的活动，着眼于能力的训练，以"板块"来整合学习内容，来形成教学流程，来结构课堂教学。

如《最后一课》的教学过程，由如下两个重要的教学"板块"组成：

课文品读之一：文意把握。

课文品读之二：片段欣赏。

这一节课立足于在整体理解课文的基础上将学生深深带入课文。"文意把握"是"面"，"片段欣赏"是"点"。全文的教学点面结合，既整体了解课文内容与情节，又集中力量欣赏最美的片段，从而达到"简化教学头绪，优化教学内容"的目的。

下面再请看几个"板块式"教学思路的设计：

（1）《说"屏"》：

选几个词语读一读。

选几个句子说一说。

选一个精段品一品。

这是从"学生活动和能力训练"的角度形成的"板块式"教学思路。

（2）《行路难》：

欣赏课文中的美句。

解析课文中的难句。

这是从"课文理解"的角度形成的"板块式"教学思路。

（3）《泥人张》：

学习活动之一：概说课文。

学习活动之二：细品课文。

这是从"教材处理"的角度形成的"板块式"教学思路。

（4）《假如生活欺骗了你》：

阅读欣赏《假如生活欺骗了你》。

阅读欣赏《假如你欺骗了生活》。

阅读欣赏《假如生活重新开头》。

这是从"开发资源"和"师生关系"的角度形成的"板块式"教学思路。

（5）《云南的歌会》：

话题一：《云南的歌会》的结构层次美在哪里？

话题二：《云南的歌会》的民风民俗美在哪里？

话题三：《云南的歌会》的描写片段美在哪里？

这是从"主问题"设计的角度形成的"板块式"教学思路。

从以上教学思路设计中，我们可以感受到"板块式"思路的比较明显的

特点：

（1）简洁，实用，好用。教学过程非常清晰，非常有序。能够十分有效地

改善大面积课堂教学中步骤杂乱、思绪不清的问题。

（2）课堂教学明晰地表现出"一块一块地来落实"的教学态势。"块"与"块"之间相互联系，互为依托，呈现出一种层进式的教学造型。

（3）由于每一个"板块"都着眼于解决教学内容的某一角度、某一侧面的问题，于是每个"板块"就是一种半独立的"小课"或者"微型课"，它要求教师精心地研读教材，优化、整合课文内容，提炼出可供进行教学的内容"板块"。

（4）由于"板块"二字的出现，教师就要考虑"板块"的切分与连缀，考虑"板块"之间的过渡与照应，考虑"板块"组合的科学性与艺术性，这就改变了常规的备课思路，有利于提高教师的教学设计和创意的水平。

（5）由于"板块"的有机划分，其中必然有让学生充分地占有时间、充分地进行活动的"板块"，也就是说，有些"板块"是明确地归属于学生的活动的，这就在让学生成为学习主体的方面迈开了扎实的一步。

（6）教学过程中因为"板块"的清晰存在而容易协调教学节奏，能较顺利地展现课堂教学中教与学、疏与密、快与慢、动与静、轻与重的相互关系，使课堂教学波澜生动，抑扬合理，动静分明，教学的清晰性和生动性都能得到鲜明的表现。

（7）实际教学之中，"板块"组合的形态、形式非常丰富，可以充分地表现教师设计教学时的技艺、创新意识与审美意识。由于"板块"内涵的本质内容是整合教学资料与安排课堂活动，所以它可以用于各种文体或各种课型的教学之中。

（8）以鲜明的逻辑步骤形成清晰的教学层次，即由浅入深地、由易到难地、由知识到能力地向前推进。此类教学设计，不管是三步、四层，还是五块、六点，都显现出鲜明的"分层推进"的特点，都显得序列合理，过程严密。

目前，"板块式"思路的影响日益深远，深深受到一线广大语文教师特别是年轻教师的喜爱和欢迎。

"板块式"教学结构呈"板块"状而又灵活多姿、组合丰富，可以充分地表现教师教学设计的技艺、创新意识与审美意识。除了一个"课"之外，它可以"小"用到一个教学步骤之中，使这个教学步骤显得丰满细腻；它也可以"大"用到一个单元之中，使这个单元的教学层次清楚而内涵丰富。在阅读教学中运用"板块式"思路，可以使教学结构更加清晰，可以使教学内容更加优化，可以使教学过程更加生动；它就像一个小小的魔方，各种组合都充满新意，都会为驾驭它的语文教师的课堂教学增加光彩。

"主问题"的教学魅力

我深爱着徐振维老师的《〈白毛女〉选场》教学案例以及我对它的评析。不仅是因为它引动着我后续的教例品评的撰写，更是因为它对我学术研究的发展有着非常重要的意义——可以说，我在此中和此后提出的"主问题"设计理念，特别是"板块式"课堂教学结构的创立，都与这个精彩的教例及我对它的评析有关。

1993 年，我主持召开了荆州市初中语文第四届课堂教学艺术研讨会，这次会议的主题就是研究"提问设计的艺术"。我在会上进行了《谈课堂教学中的"主问题"设计》的教学讲座。

2001 年 1 月 17 日，我的长篇论文《论阅读教学"主问题"的设计艺术》完稿。

《中学语文教学》2004 年第 7 期发表了我的论文《说说"主问题"的设计》，2007 年第 9 期再次发表我和我的弟子们对"主问题"进行研究的新成果。

现在我的课堂教学，几乎全用"主问题"设计来推动教学进程。

所谓"主问题"，是引导学生对课文进行深入研读的重要问题、中心问题或关键问题。"主问题"研究与运用的重要意义在于大量减少日常教学教师的"碎问"和学生的"碎答"，从而形成对学生非常有训练力度的课堂阅读活动。

如下面的教学设计，呈现出"板块式"的教学思路，表现出"主问题"设计的教学活动：

（1）《孔乙己》专题欣赏课中的设问：

请欣赏小说中对孔乙己的脸色描写并阐释其作用。

请欣赏小说中对孔乙己"挨打"的描写并阐释其作用。

请欣赏小说中"茴香豆"的表达作用。

请欣赏小说"丁举人"的人物形象。

很明显，要探究或者回答上述问题，就得进入课文全文。每一个这样的提问，都能牵动对全篇文章的反复阅读。

（2）《沁园春·雪》的文义理解教学时的训练内容：

请同学们自由地用对联的形式概括上下阕的意思。如"上阕绘景抒情，情景交融；下阕议论抒情，评古论今"。

面对这样的表达要求，学生需要对课文内容进行认真的研读并进行反复的概括和修改。活动的设计既暗合了"沁园春"词牌的特点，又让学生进行着阅读理解之中的语言表达实践活动。

（3）《邹忌讽齐王纳谏》的教学创意，用三个"主问题"来领起全文的教学：

请同学们根据课文内容口头创编"门庭若市"的成语故事。

请自选内容，用"比较"的方法，编写课文"词义辨析"卡片。

这篇课文中，有哪几个关键字词既推动着故事情节的发展又表现了人物的特点？

三个话题，三次深入的研读活动，三次课中交流，以简驭繁，以易克难，层次明晰，覆盖全面，能力训练充分，学生活动充分。

特别是第三个问题，同学们需要对课文内容进行从头到尾的品析，然后表述自己的见解。在师生的对话之中，几乎将本课中有着重要表达作用的字词都进行了品读欣赏。

……

上述案例中的这种能够对教学内容"牵一发而动全身"的"提问""问题"或"话题""活动",就是阅读教学中的"主问题"。或者说,"主问题"是引导学生对课文进行深入研读的重要问题、中心问题或关键问题。

还可以说,"主问题"是阅读教学中能从教学内容整体的角度或者学生整体参与的角度引发思考、讨论、理解、品味、探究、创编、欣赏过程的重要的提问或问题。

"主问题"的研究,实际上是课堂提问研究。这种研究的着眼点与着力点是:在阅读教学中,用尽可能少的关键性的提问或问题引发学生对课文内容更集中更深入的阅读思考和讨论探究。

从学生活动的角度看,"主问题"在教学中表现出这样一些明显的特点:

(1)在课文理解方面具有吸引学生进行深入品读的牵引力。

(2)在过程方面具有形成一个持续较长时间教学"板块"的支撑力。

(3)在课堂活动方面具有让师生共同参与、广泛交流的凝聚力。

(4)在教学节奏方面具有让学生安静下来思考问题、形成动静有致课堂氛围的调节力。

从教师教学的角度而言,可以这样概括"主问题"的特点、功能与作用:

(1)"主问题"是经过概括、提炼的,"主问题"教学现象对教师把握教材的水平和课堂对话的能力提出了很高的要求。

(2)"主问题"有利于课堂上"大量的语文实践活动"的开展,有利于"简化教学头绪,强调内容综合"。"主问题"的提出,是"预设";由"主问题"而形成的课堂活动,是"生成"。

(3)由几个"主问题"组织起来的课堂阅读活动呈"板块式"结构,每一个"主问题"在教学过程中都能产生有相当时间长度的课堂学习与交流活动,几个"主问题"层层深入,从不同的角度深化着课文内容的学习。

(4)由于"主问题"往往呈"话题"的形式,所以课堂教学中师生的品读活动一般不是表现为细碎的"答问"而是表现为师生之间的"对话",这将从大面积上改变语文教师的课堂提问习惯，带来流畅扎实的效率较高的课堂教学过程。

从课堂教学设计艺术的角度看，"主问题"设计给我们以如下启示：

（1）从教学的课堂技术的角度而言，"主问题"的研究关系到语文教师教学技艺的研究。对"主问题"的研究，实质上是对课堂教学最关键的技术问题的研究。

（2）"主问题"设计，其实都是学生活动的设计，都是学生阅读能力的训练设计，都是教师与学生的课堂对话活动设计。

（3）"主问题"的设计着眼于"一线串珠"地整体地带动对课文或者课文片段的理解品读，在教学中往往表现出一种"线索"之美，课堂教学节奏协调，动静相宜。

（4）"主问题"能制约课堂上无序的、零碎的、频繁的问答，能有效地克服语文阅读教学中肢解课文、一讲到底、零敲碎打等种种弊端，遏制教师的过多讲析。

总之，可以说，"主问题"是阅读教学中有质量的立意高远的课堂教学问题，其魅力表现于课堂阅读教学中的一线串珠、整体阅读、多角理解、选点突破、优化活动、精细思考、充分交流、丰富积累等多个层面，是深层次课堂活动的引爆点和黏合剂，在教学中显现着"以一抵十"的力量，具有"一问能抵许多问"的艺术效果。

我的课堂教学艺术研究仍在深入进行

近年来，我着力于阅读教学中"好课"的研究。

每年都要在大量的教学实践中深入我的研究，提炼我的观点。

我对好课的特征进行了这样的概括：

（1）充分有效利用课文、充分设计学生有效活动的课是好课。

（2）让学生真有收获、让学生大有收获的课是好课。

（3）关注语言教学、关注能力训练的课是好课。

（4）着力于思路清晰、着力于提问简洁的课是好课。

（5）得体地教学、得法地教学的课是好课。

（6）内容集中深入、学生集体训练的课是好课。

（7）注重细化角度、注重优化教法的课是好课。

（8）讲求教师素养、讲求教师教学艺术的课是好课。

为此，我提出了教学理念八变的观点：

（1）变"教学课文"为"利用课文"。

（2）变"线式思路"为"板块思路"。

（3）变"碎问碎答"为"活动设计"。

（4）变"读过问过"为"积累丰富"。

（5）变"泛泛而品"为"精读训练"。

（6）变"只读不写"为"读写结合"。

（7）变"热热闹闹"为"有动有静"。

（8）变"淡漠语言"为"着力学用"。

年近七旬的我，经过几十年的探索，才真正懂得了什么是"语文教学"：

语文教学的最重要的前提是教师个人独立进行的细腻深入的多角度的课文研读。

语文教学的极其重要的任务是增加学生的语言积累和语文知识的积累。

语文教学的更加重要的任务是形成、提升学生终身受用的阅读与表达的能力。

语文教学的核心理念是让学生在大量的实践活动中学习运用语文的规律。

语文教师要讲究技术，要讲究艺术，要用艺术的教学设计和诗意的手法优化课堂教学。

我将坚持我的课堂教学研究，不离学术，不离实践。

前方如果是山，那就一步一个脚印，在蜿蜒曲折中奋力登攀。

前方如果是海，那就勇对层层波浪，在起伏跌宕中镇定向前。

袁湛江

浙江省中学语文特级教师，宁波万里国际学校校长，宁波市名师、名校长，宁波大学硕士生导师，长三角"新语文圆桌论坛"主要发起人，国家教育行政学院、北京大学特约教师培训专家。从教40年，在教育思想上倡导"个性化教育"，善于用欣赏的眼光去点燃学生的激情、唤醒学生心灵深处的梦想。在教学中创建了有影响力的"三点式阅读"教学策略；撰写了国内第一部面对中学生的口语训练专著——《说一口漂亮的普通话——中学生汉语口语教程》，受到语文界的瞩目。开发的《播音与主持》《校园脱口秀》《演讲》《辩论》等系列口语训练课程成就了许多孩子的梦想，成为学生珍藏在记忆中的青春标本。

教书是表，育人是本

我们那个时代

我们这代人，从总体上来说，是最缺少扎实基础知识的一代人，或者说，由于社会的动乱，我们的少年儿童时代，在最需要系统学习基础知识的阶段，受到了"十年动乱"最严重的冲击。那是一段不堪回首的岁月，比我们大十岁左右的人，在十年"文革"动乱前，已经接受了完整的基础教育，其中部分精英进入了大学，成为了后来国家理所当然的栋梁；比我们小十岁左右的人，他们开始上学的时候，"十年动乱"已经结束，改革开放给他们创造了越来越好的条件。我们这批人，"十年动乱"的灾难"一点没有浪费"地全部覆盖在我们的基础教育阶段，因此我们这批人，有一种"上不接天下不接地"的感觉，既没有上一代的知识扎实，也缺少下一代的思想解放。

人生有些东西注定是没办法选择的，比如你所遭遇的时代，你的家庭、血统等等，但这并不是你走向平庸的理由，因为在你无所选择的背后一定有你可以选择的东西，比如理想、境界、价值观、行为方式、独立思考等等。

在无可选择的时代，我作了有价值的选择。

学生时代，我非常幸运地遇到了几位良师，在那个"知识无用"的荒谬时代，我从他们身上感受到了知识的魅力，于是如饥似渴地追求知识，在他们的精心指导下，我克服了重重困难和阻力，甚至有时是面对危险，在险象环生的环境中"得天独厚"地学到了比较系统的科学知识和比较科学的学习方法，而且养成了良好的学习习惯。

大量的阅读让我对社会有了洞察、对人生有了思考。知识贫乏的时代、学校"罢课闹革命"，正好给了我饥渴的青春充分的阅读机会。我当时几乎读遍了我能找到的所有的书籍，在兼收并蓄的海量阅读中打破了时代给我的局限，逐渐学会了甄别与批判。

1974 年，我高中毕业，学已经没得上了，于是也和同学一起作好了上山下乡奔赴广阔天地的准备。一个偶然的机会，我这个刚毕业不久的中学生，被母校聘为民办教师，后来才知道，是我的班主任张天恩老师在学校缺人的时候鼎力推荐，为我这个没有任何背景的穷孩子搭建了一个宝贵的平台。以我当时的学识，登上三尺讲台，真有一种"赶鸭子上架"的感觉，竟然没被学生赶下来，从此与教师结下了不解之缘。回忆这段历史，40 年以前青涩的情景还历历在目。

"文革"结束恢复高考以后，我抓紧一切机会弥补已经逝去的大好春光。1979 年，我终于有机会参加高考，虽然当年我在高考中考出了所在县区第一名的成绩，但是出于对教师职业的热爱，我还是毅然全部填报了师范院校。

大学毕业以后，我被分配到燕山腹地的一所重点中学——滦平一中任教高中语文。这是当地一所质量最好的中学。山区的学校条件有限，但是学校有一批非常优秀的教师，一批"文革"前毕业的老大学生因为种种原因一时回不了城，就寄寓在这所学校当老师，印象中出自北大、清华的高材生就有五六个，人大、北师大的有一批，可谓人才济济，对我来说，这是一批不可多得的宝贵资源；再加上这所学校有一座储藏量还算得上丰富的图书馆，有很多那时候在社会上买不到的书，都能在图书馆找到。记得《中国通史》《鲁迅全集》《莎士比亚全集》我都是在那个阶段阅读的，青灯长夜，远离喧嚣，面对大师，痴人独醉，这里安静的小环境让我度过了非常充实的青年岁月。特别是在这里我遇到了一批又一批淳朴可爱的山村孩子，以至于我们彼此都成为终生的知音和依靠；在语文教学上，我致力于写作教学，在学校领导的支持和老教师的帮助下，组建了学校的青春文学社，择优秀学子而教之，不亦乐乎！每每茶余饭后，我的斗室都装满了学生，一片欢声笑语。一到周末假期，我常常是带着一批文学青年，前呼后拥，翻山涉水，激扬文字，指点江山，每年都有上百篇学生作品见诸报端，曾经点燃了无数少年心中的梦想。当时河北省教研室为了推广我的写作教学经验，还曾经专门委托河北电教馆录制过我的作文教学视频，一度成为那个安静山城的文化故事。

1990 年，我调到全国示范性师范学校——承德师范学校任教。师范教育与普通高中最大的不同是，没有升学压力，但是师范教育更加重视学生基础知识和基本技能的培养，以适应未来高标准的小学教育。记得当时国家教委师范司组织大批师范教育专家，巡回检查全国各地的师范学校，普及师范生 13 项基本功（三笔字、声乐、器乐、舞蹈、体操、简笔画、朗诵、演讲、手工制作等）的落实情况。检查是"真刀真枪"，全校 1000 多名学生，全部集中在大礼堂，100 多位专家分为 13 个小组，每个小组检查一项，现场抽号，抽到谁谁现场表演，那就是靠一个"真功夫"，对学生和老师都是一个严峻的考验。承德师范被定为河北省的最后一站，在某种程度上也有上演"压轴戏"的意思。当然结果是没有什么悬念，检查结束之后，承德师范成为了全国中等师范学校的示范。在这个过程中，我作为语文教师感受颇深，语文教学的实用性得到了空前的发挥。在这种教育氛围中，师范教育培养出来的孩子，综合素质往往要高于那些科班出身的大学生。在承德师范，我的主课是"语文基础知识"，这是一门容易上得比较枯燥的课，但是由于选择了大量鲜活的富有时代气息的语言材料，我的语基课深得学生喜爱，每节课结束，学生都会由衷地送给我热烈的掌声，这也曾经成为承德师范的一道亮丽的风景。我最兴奋的事，是在当时我所开设的两门选修课，一门是"播音与主持"，一门是"英语口语"，因为前者让部分优秀学生看到了一种新的希望，后者弥补了当时师范学校课程设置的不足，所以两门选修课开设之后，一度有门庭若市之感。师范学生的学习热情让我感动不已，所以即便当时没有任何报酬，我还是风雨无阻地每周开设两节选修课。我的热情和努力没有白费，在我离开师范学校的时候，已经有多名学生考进了中央、河北省或承德市广播或电视系统从事专业工作。

1996 年，我举家南迁，从避暑山庄承德来到江南水城宁波，以人才引进的方式加盟改革开放以后全国第一家教育集团——浙江万里教育集团。万里教育集团并不是传说中的私立学校，也没有雄厚的资产作基础，而是一个白手起家的自收自支的全民事业单位，这不仅在北方是一件新鲜事，即使在南方，也是所见寥寥。万里教育集团的经营模式在全国可谓独树一帜，既没有老板，也没有股份，甚至没有资产，除了办学校以外，其他任何产业都不经营，那种"挂着羊头卖狗肉"，或者把学校做成企业装饰的商业行为，与万里教育有天壤之别，以徐亚芬为首的万里创业者在创办之初就曾承诺：万里只做教育，而且万里教育所有的资产都登记为国有资产。正是这种公益性的价值追求让我看到了办学者的高尚和智慧，而灵活的办学机制又让我感受到了教育改革的春天气息。感召于此，我毅然放弃了当时已经稳定和从容的生活，从养尊处优的"温水"中跳出来。坦率地讲，这次选择是需要勇气的，不仅是因为需要放弃很多已经习惯的东西，而且当时我已经人到中年，我意识到，跳槽的时尚已经离我越来越远了。幸运的是，我又一次作了正确的选择，我在这里受到"自强不息、开拓进取"的万里文化的滋养，有幸能与来自全国 24 个省市的教坛精英一起共事，大漠孤烟与小桥流水相映成趣，齐鲁文化与吴越春秋珠联璧合，在这个五湖四海的大家庭中，大家都像兄弟姐妹一样，简单的人际关系，和谐的文化氛围，灵活的办学机制，让这所学校充满了活力。你所能感受到的是"海阔凭鱼跃，天高任鸟飞"，学校为每一个有理想有作为的教师提供了成长的舞台。18 年来，我在这所学校做了大量的教育教学实验和理论上的研究，比如：通过对阅读方法与习惯的比较研究，探索了既可以大面积提高阅读效率，又能兼顾到个性化解读的规律与途径，提出了"三点式阅读教学"策略，在语文界产生了一定的影响；近十年来，鉴于语文教学中出现的问题，我又将语文研究的主要精力转移到口语训练上，开发了播音与主持、校园脱口秀以及诵读、复述、演讲、辩论等系列口语选修课，并且出版了国内第一部面向中学生的口语训练教程《说一口漂亮的普通话——中学生汉语口语教程》，得到了诸位专家的鼓励和肯定。

成长不需要理由，但需要土壤

回顾我的教师专业发展之路，走到今天，除了我自身努力的因素以外，我成长的外在条件，或者说生存资源也很重要。

1. 家庭滋养

我出生在一个典型的耕读之家。爸爸性格儒雅，有私塾的功底，毛笔字写得很有功夫，十里八村，大街小巷，常常能看到他的墨迹，街坊邻居都以"先生"相称。打算盘也是他的一绝，他打起算盘，噼里啪啦，声音错落有致，像演奏一首音乐。妈妈勤劳贤惠，家里的体力活，主要是妈妈在支撑。在这样一种家庭氛围中，礼义廉耻的儒家文化和劳动人民的勤朴品质在我幼小的心灵中早就埋下了种子。

2. 恩师引路

在我断断续续的求学旅途中曾经遇到过很多优秀的老师，其中对我帮助最大影响最深的有这样几位：何启顺老师，我初中的语文老师，在我还懵懵懂懂的年龄，是他发现了我的写作天分，并不断鼓励鞭策我进步，强化我的优势，让我找到了人生的自信。祁景合老师，我初中时代的数学老师，他对我们要求极为严格，甚至可以说是苛刻，特别是在良好的学习习惯和科学的学习方法上对我产生了终生影响。更神奇的是，他不但数学教学成绩非常好，而且把数学教得充满乐趣，在我们的印象中，祁老师简直就是一个传奇人物，数学之外，他还兼任我们的音乐老师、篮球教练，他会吹口琴，二胡和手风琴都拉得非常好，他常常会在我们做完题之后，给我们拉上一首《莫斯科郊外的晚上》或者《喀秋莎》作为对我们的奖励。高中的刘天广老师，他潇洒的文章和漂亮的钢笔字，常常让我们感到美不胜收，特别是他那幽默的叙事风格，常常让我们感到学习语文是一件快乐无比的事情。班主任张天恩老师，是位数学老师，平时不善言谈，但心中非常在意我们，常在关键时刻，鼎力相助，把我们送到成功的舞台上，他又悄悄退到一边，甘心做无名英雄。杨千老师，秀外慧中，几乎就是我们心中的女神，课堂语言极富神韵，严格地说，她并不是我的学科老师，只是在高考之前受到过她几次个别指导，但她的热情和智慧，特别是对农村贫苦孩子的尊重和关爱，给我留下了终生难忘的印象。受这些优秀老师的影响，中学时代我就把教师作为自己的职业梦想。

3. 同事影响

走上工作岗位以后，发现教师群体中藏龙卧虎，许多人品高尚、才华横溢的人才蕴育其中。王绳才老师讲课幽默风趣，多才多艺，吹拉弹唱，无所不精，更具有传奇色彩的是，他不但语文教得好，还能教高中物理，一位物理老师休产假，他居然代了一个学期的物理课，还让学生听得津津有味。张寿荣老师，大家闺秀，短跑健将，她讲起课来慷慨激昂，如同铿锵玫瑰，令人荡气回肠。毛瑞媛老师，出身书香门第，谈吐温文尔雅，她说话的音调和节奏，从来都是那么不温不火，心平气静，但总是能够以柔克刚，春风化雨。张彦军老师，一位退休返聘的书法老师，老先生担任全校学生的毛笔书法指导，因此要看全校1000多个学生的书法作业，我每天看到最多的就是老先生在办公室改学生的作业的身影，每看到学生写出满意的字，他就会用红笔画个圈以示鼓励，脸上露出幸福的微笑。邓彤老师，全国著名特级教师，我们共事七年，他善良诚恳的为人，严谨的治学精神，影响了我们这所学校的许多教师。许雷鸣老师，"文革"前北师大毕业的高材生，个性鲜明，身怀绝技，课堂语言极为精炼，他在教学中主张稳扎稳打，步步为营，学生的进步突飞猛进，大家有目共睹。贺学根老师，会思考的芦苇，具有开拓精神，他曾经放弃一所重点中学常务校长的位置，去读朱永新先生比较教育的博士，后来干脆自己办起了学校，历经千难万险，终于风生水起。在所有的同事中，和我共事时间最长、感情最深的要算桂维诚老师了，至今已经是 18 年。他是老三届那一代人，与共和国同龄，高考恢复后第一批进入大学。他实在是一个牛人，高考中他的语文学科居然考了满分，在恢复高考的历史中，这个记录不仅无法打破，而且难以企及。听说读写、琴棋书画，他样样精通，应该说，桂老师是个典型的江南才子，但是他恰恰又在北方长大，所以南方的灵秀和北方的豪爽那样完美地融合在他的性格之中，学校中不论是哪位师生有求于他，他都是有求必应。对学校的公益事业，他从来都是不遗余力，所以浙江省的红烛奖授予他，真是实至名归。这些同事的点点滴滴，不仅映在我的眼里，也像年轮一样，纷纷镌刻在我的心中。

4. 学生促进

"教学相长"这个道理，我是在教育实践中逐步体会到的。开始当教师的时候，总认为教师一定比学生强，其实这是一个认识上的误区。这个判断一经实践的检验，立刻就会变得很脆弱，甚至不堪一击。作为一名中学老师，你的所谓精通一般是局限在你所任教的学科，换一个学科，可能你就不是学生的对手，何况对于一些聪明透顶的学生来说，他的优秀很可能根本就不是你教出来的，换句话说，即使你不教他，他仍然可以很优秀，甚至可能更优秀，如果你的教育不是很得当的话。说这样的话可能有点伤人，但这样的事情我却亲身经历过。在教学过程中，我是经常会遇到学生倒逼着我进步和成长的。这些体会将在后面的故事中得到呈现。

5. 经典奠基

回首那个时代，如果没有几本好书相伴精神旅程，真不知道一个充满激情的生命要走到哪里去。对我影响最重要的一本书是奥斯特洛夫斯基的《钢铁是怎样炼成的》，这无疑是一部"红色的经典"，具有鲜明的时代色彩。现在看来，与许多伟大的批判现实主义艺术作品相比，它存在诸多缺陷，但是它在我的生命历程中一直发挥着永不褪色的价值，那就是人生的价值观以及为此永不懈怠的执著和努力——经典，为我们的人生奠基。我想，保尔·柯察金的钢铁般的意志，曾经武装了几代不同民族、不同国家、不同文化的战士，他们为了自己心中的理想，坚忍不拔，百折不挠，坚守着，快乐着，自豪着，前行着。对！我就是这个行列中的一名普通的战士。

好了，如果我再喋喋不休地说下去，一定会费力不讨好，还是讲讲故事吧。

"大头男孩儿"的故事

1. 故事背景

1996 年，万里国际学校招生第一届高中班，承蒙领导的信任，我担任了这个班级的班主任和语文教师。当时学校还处于生存阶段，不会有高分的学生报考这所还没有任何教学成绩的民办学校，好在学校领导层在决策上非常英明，不追求规模和数量，而是要在精细上做文章，要在不太理想的生源中做出教育的形象、做出社会声誉。所以这个班级当时只能在中等偏下的生源中招到 29 名学生，也在情理之中。面对万里的这批"宝贝"，尽快发现这些学生在个性上的特点，整合他们的资源，设法将他们各自的优点呈现、放大、迁移和辐射，并以此来化解他们自身的不足，形成良性循环，这是我带班的一个基本思路。在这种思想的引领下，我视野中的孩子们变得越来越清晰和可爱，其中这位具有领袖潜质的"大头男孩儿"，他的成长轨迹不仅给我留下了深刻的印象，而且对我的教育思想也有了新的启发。

2. "大头男孩"二三事

1996 年 9 月 1 日，万里国际学校首届高中班开学报到的日子。一大早，高一新生就在家长的簇拥下陆续来到了校园，作为班主任和语文老师，我早早地就备好了"课"，对本班将要报到的所有学生的相关材料已经准备得滚瓜烂熟，以至于一见面没等学生开口就能准确地叫出学生的姓名，并能叙述出他们每个人的基本特点。很多家长惊讶之余，不禁对万里学校多了几分敬畏，他们哪里知道，这仅仅是万里国际学校个性化教育的开始，一个对中国当代教育可能产生影响的学校将从他们的脚下悄然起步了。

下午五点多钟，已经是快开晚饭的时间了，几乎所有的学生都到了，除了俞磊。入学材料上，一张表情冷漠的大头男孩黑白照，那双超过他年龄应有的成熟的眼睛似乎在提示我：这是一个与众不同的学生。

正在我满腹狐疑的揣测中，踏着最后一缕夕阳的余晖，一个大头男孩背着行李，孤身一人，大步跨进校园。这不禁让我感到有些意外：与其他同学被前呼后拥相比，第一次到学校报到，俞磊家里居然一个大人也没来，有点不可思议。

"俞磊，"我微笑着迎上去，替他拿下行李，"家里没人来送你吗？"

"没有，不需要，我自己就够了。"他表情很平静，像成人一样说话，不像是跟我第一次见面。一个独立性很强的孩子！这是俞磊留给我的第一印象。这一幕已经过去十几年了，也许他自己并没有在意，但是这第一印象一直深深地刻在我的记忆里。

不知真的是因为他头大，还是因为他人品忠厚，乐于助人，大家都叫他"大头"。根据他独立生活能力很强的特点，我安排他做班级的生活委员，负责同学的生活管理。后来的事实证明，他作为生活委员是很称职的。他很热心同学的生活服务工作，每天两次从膳食中心领取本班全体同学要吃的点心或水果，其他班级是两个同学去抬点心筐，而且是全班同学轮流去做这件事。但是，我们班永远是"大头"一个人双手搬着点心筐，迈着大步在校园里从容地走过，而另一个同学，向卫兵一样，紧紧地跟在他后面，这已经成为校园当时的一道风景。在他看来，这点小事，一个人就够了，没必要麻烦别人。在他的影响下，同学们都逐渐改变了自己在家中做小皇帝、小公主的习惯，班级的公共卫生总是有人主动去打扫，我们班级的卫生水平一直在全校遥遥领先，曾经一度连续18周拿到了流动红旗。不能不说是"大头"的影响起了作用。

看到"大头"辛苦并快乐地为班级同学服务，我常常为之感动。但是作为一个出类拔萃的班级干部，他似乎还缺少一点"领袖气质"。"大头"常常是自己个人奋斗，他还需要有更开阔的视野，需要调动更多的人力资源去形成一个团队，我觉得他有这种形成凝聚力的领袖潜质。

有一次活动课，我和同学们一起去打篮球。当时打篮球是这些孩子们最喜欢的运动，男孩子在场上冲锋陷阵，女孩子在场边摇旗呐喊，场面热烈壮观。大家商量好，"大头"组一个队，称之为"红队"，我组一个队，称之为"蓝队"，然后PK。双方谈好的条件是，他先在班级中挑好五个上场的队员，我们虽然没有挑选的空间，却可以多一个人上场。于是这场几乎没有悬念的战斗拉开了帷幕，他挑选了班级中最能打篮球的五位男生：班级第一运球高手组织后卫贺弈、大个子中锋张耐、前锋得分高手陶亮、防守王长城，还有他自己。他们最大的优势是人人都能进攻，中距离投篮几乎弹无虚发，突破上篮又快又稳；留给我们的已经没有什么挑选的余地，大个子女生姜维娜也成为了我们的主力队员。我们只能从战术上来考虑：防守的时候形成联防，不给他们进攻突破的机会，上半场红队没能发挥团队的优势，孤军奋战，缺少呼应，只能选择远投，而远投恰恰是他们的弱项，投不中，篮板就是我们的，我们一旦得到球，就迅速转移，把球传到前场，他们来不及防守，就进球了，此招屡屡奏效。再加上啦啦队热情的呐喊，半场下来，我们竟然已经超越了对方十多分。下半场红队调整了战术，充分发挥了团队的集体作用，多传球，再选择时机突破，上篮得分。毕竟实力差距悬殊，比赛结束红队又大比分超越了我们蓝队。孩子们的天性在活动中得到了尽情的展示，而我也没有忘记借助比赛让同学得到更多的教育。赛后，我问同学，蓝队为什么先赢后输，同学们哈哈大笑：实力呗！那么为什么红队先输后赢呢？有的说战术不行，有的说轻敌，"大头"摸摸头，好像是自言自语："发挥团队的力量，才可能产生最大的能量。"短暂的沉默之后爆发了一阵热烈的掌声。我拍了拍"大头"的肩膀，感觉到他似乎长大了。

后来不久发生的一件事，给我留下了终生难忘的印象，也让我对教育的理解产生了新的认识。

一转眼就是新年了，随着时间的流逝，同学之间的熟悉程度不断加深，"大头"由于能力强学习好，特别是出色的公益心，赢得了同学们普遍的尊敬，被推选为班长，他看问题的观点在班级中产生了更大的影响力。一天中午，教室后边的墙报上出现了一篇手写体的作文，吸引了很多学生在围观。我走近一看，透过那清秀而认真的字迹就知道是"大头"的作品，题目是《我眼中的徐彪》。说起徐彪，在班级中可不是一般的人物，他年龄小，个子也小，但极为聪明，尤其对化学学科，具有强烈的研究兴趣，经常和化学老师讨论问题，有时候遇到一些钻牛角尖的问题，问得教了 40 多年化学的邬老师也惊叹不已。徐彪虽然是大家公认的化学天才，但是每次考试成绩都不高，原因是他虽然能将难题攻下来，但却总在一些简单的题上犯错误，比如将 3 看成 8，或者把乘号当作加号，要不就是忘了写小数点。在性格上他比较自负，不太看得起周围的同学，他看到的大都是他自己的过人之处，又常常过高地估计自己，而且对于这种良好的自我感觉他往往会很认真地表达出来，因此许多同学对他不是很认可，甚至有些同学觉得他很可笑。就是这样一个饱受争议的徐彪，在大头的眼中是什么样子呢？

"我眼中的徐彪，是独一无二的。"

开头第一段只是这样一句话。接下来他从大家熟悉的"化学天才"入手，解剖了徐彪的"天才之谜"：

"总结起来，其实就是一句话，兴趣是最好的老师。徐彪之所以能在化学学科艰深的领域乐此不疲地钻研，主要是源于他对化学的热爱，就这一点来说，我们班没人能比得上他，可以预料，如果徐彪能够一直保持他对化学的兴趣和热爱，将来成为一个化学家也不是没有可能。当然，前提是他必须克服粗心大意的小毛病。"

看到这，我心中不得不产生一种由衷的钦佩之情，教育中的一个难题，竟然让他以这样四两拨千斤的方式化解了。文章的后半部分他还补充了徐彪一些鲜为人知的优点，比如徐彪的坦率，徐彪的大方，徐彪的热情，徐彪的执著，徐彪的敢作敢为，而且写得有理有据，不得不让人折服。同学们在这篇文章之中似乎发现了一个崭新的徐彪，而我对教育的个性化有了新的顿悟。

文章登出之后，班级中出现了两个变化：一是徐彪做事开始变得细心了，而且说话的口气也不那么大了。人有本事，如果再学会低调一些，不受欢迎是件困难的事。二是其他同学都在关注，也在期待：下一个进入"大头"视野的将是谁呢？

当然，在接下来的高中生活中，每个月会有一位同学的特写被贴在墙报上，我们班的 29 位同学一个一个在"大头的眼中"陆续上墙了（最后一篇是写他自己），大头的准备工作做得很精细，对每一位同学都进行了个性化的挖掘，许多同学潜藏的优点不胫而走，甚至有些同学自己都从来没意识到自己还有这么突出的优点，尤其是受到了大头的肯定，那种感受不是一般的自豪。每一位同学都因为自己成为了"公众人物"而发生着微妙的变化，我们这个班级也因此成为一个团结向上的优秀集体。

3. 故事追问

问：您作为万里国际学校第一届高中生的班主任，请您客观评价一下当时的学生。

答：对我来说，客观的评价其实很难，作为教师都会将自己的感情融入到学生当中去。不过当时高中创办初期，宁波市教育督导组织专家来校作过质量评估，说我们的生源是"中等偏下"，实际上大部分学生的起点是处于普通高中招生的底线，当然，这些学生并不是因为智力差，主要是学习习惯和方法存在问题，更多的是出现在"要不要学"这个问题上。可见需要矫正的问题比我们想象的要严重。经过全体师生三年的共同努力，高考成绩令人刮目相看：进入重点、本科、专科各占三分之一。可以说一炮打响，迅速奠定万里教育质量的声誉，作为老师，我还是很为这批孩子们感到欣慰的。

问：在这样的背景下，挖掘闪光的东西在班级建设中就变得非常重要。您是怎么发现"大头男孩儿"的独特优势的？

答：他是那种独立性很强的学生，入学时的表现就给我留下了深刻的印象，之后的许多细节，更加印证了这一点。到现在我还记得：班级中的大部分同学是第一次过寄宿制生活，所以生活上很不习惯，总在数着回家的日子。作为同龄人，俞磊也是如此，但是他却能找到化解的办法，让回家的思念在紧张的学习和快乐的集体生活中得到化解，让自己每天都过得很充实，在班级中产生了很大的影响力。

问：您是如何挖掘、培植他这种潜质，扩大他对一个团队的影响力和辐射力的？

答：如何让这种类型的学生发挥自己的优势，成长为出类拔萃的学生领袖，我曾经作了个性化教育设计，而且产生了比较理想的教育效果。从孩子们喜欢的打篮球活动中，我发现了教育的契机，在我的引导下，聪明的"大头"悟出了"团队的力量"。而后边教室墙报的"大头眼中的……"系列文章的出现，就体现了这种教育的效果。

问："大头男孩儿"的故事给你什么启发？

答：教学相长。教师的使命是教书育人，但是师生的角色在互动的教育活动中也常常会发生变化。我从"大头男孩儿"的特写创意中发现了个性化教育的魅力：教育的本质是关注人，关注人的不同个性，彰显健康个性的风采，根据不同的个性采取不同的教育方法，让每一个人都在教育的过程中体验成功，享受快乐。俞磊的行动给了我一个重要启示：每一个学生都具有鲜明的个性，这种个性不仅需要尊重，而且需要关注和挖掘，在个性中挖掘出健康的元素，培植它，迁移它，让它繁殖、长大、辐射。这样，每个学生不仅可以获得自信，享受教育的快乐，在成长中体验成功，而且会变得更加健康。俞磊——这个记忆中的"大头男孩儿"，诚然是我的学生，而那一次，他实实在在做了一回我的老师，让我终生受益的老师。

问：您能不能通过这个故事对您一直倡导的个性化教育作一个提炼？

答："个性化教育"源于"以人为本"的理念，它打破了用"一把尺子"来衡量所有学生的狭隘的教育观念，而是用积极的眼光去发现"每一个学生的不同优点"，继而采取"因材施教"的策略，让每一个学生都受到关注，让每一个学生都找到自信，让每一个学生都获得发展，让每一个学生都在教育过程中感受到快乐。

我坚信：世界上找不到一个没有特点的人，将特点变为特长，就是教育的最大价值。

个性化教育是最美丽的教育，在未来的社会中个性化教育一定会为学生的发展创造更多的奇迹。

"三点式"阅读教学策略

我曾经对语文教学作过这样一个悲观的判断：我们的学生越来越缺乏阅读基本能力，却又一天天在远离语文。

经过调查分析，我们发现了学生远离语文的症结所在。一方面，学生面临的诱惑越来越多，他们从以电视、网络等形式为代表的快餐文化中毫不费力地甚至是以娱乐的方式获得一些肤浅的信息，并以此为资本来代替或拒绝阅读文本；另一方面，阅读教学缺乏针对性，忽视了学生主体的时代变化和情感需求，或者迫于考试压力过分追求知识性和纯技术层面的分析与训练，使阅读成为学生的任务甚至是负担。

从 1996 年开始，我们连续开展了三轮高中阅读教学实验，试图在激发阅读兴趣、培养阅读习惯、掌握阅读方法、鼓励个性化阅读等方面作一些探索，十年之后，形成了一套简约高效的阅读训练系统——"三点式"阅读教学策略，为解决阅读教学的"少慢差费"提供了一套有效的方法与途径。相关的学生阅读训练系列用书，已经由上海教育出版社正式出版。

"三点式"阅读策略是一种探索阅读规律和方法的阅读教学体系。阅读是一个复杂的系统，基本的阅读方法、读者的生活积累和文化背景、文本的内容结构……都可能影响阅读的效果。教师在教学中需要一套高度概括又能够涵盖阅读基本要素，既便于提升学生整体阅读水平又便于教师实际操作的教学模式。经过多年探索实践，我把学生阅读的目标和阅读教学的流程整合为"三个支点"——"信息点""兴趣点"和"质疑点"——以引导学生的阅读，并指导教师的教学。

"信息点"，就是引导学生在阅读文本过程中捕捉并筛选出最有价值的信息。这是阅读文本最基本的要求，是阅读最直接的目的。这一训练过程主要培养学生提高阅读速度、准确把握要点的能力，并试图以此构建学生阅读能力的"最近发展区"。

实际上，中学生在把握文本"信息点"方面还存在严重不足，基本的阅读能力还没有普遍养成。例如，2005 年全国高考语文试卷中一道阅读题所提供的阅读材料，题目要求考生在这段材料中提取主要信息，写出四个由两个字组成的关键词。这是一道绝对难度不大的试题，但学生的回答正确率却极低。试题如下：

据报道，我国国家图书馆浩瀚的馆藏古籍中，仅 1.6 万卷"敦煌遗书"就有 5000 余米长卷需要修复，而国图从事古籍修复的专业人员不过 10 人；各地图书馆、博物馆收藏的古籍文献共计 3000 万册，残损情况也相当严重，亟待抢救性修复，但全国的古籍修复人才总共还不足百人。以这样少的人数去完成如此浩大的修复工程，即使夜以继日地工作也需要近千年。

这是一道直接考查筛选信息点的题，如果阅读训练有素，学生应该比较容易得出正确结论：古籍、修复、人才、不足（短缺），抓住了这样四个关键词，就等于把握了这段话的要点。但事实上，80% 以上的考生找到的关键词是：图书馆、博物馆、国图、敦煌、遗书、长卷、文献、严重、工作、工程等非重要信息甚至是错误信息。

可见，中学生筛选信息的能力亟待提高。

经过归纳和分析，我们发现学生在筛选信息点的过程中出现的问题主要有下列三种：①缺少对信息的敏感度，找不到文本中的信息点；②缺少对信息的判断力，找不准文本中的信息点；③在筛选信息的过程中，因缺少科学方法而耽误过长时间，影响阅读速度。这三个问题正是我们在阅读训练中要着力解决的问题。以解决第二个问题为例，一般来说，阅读中会遇到重要信息、次重要信息、一般信息、干扰信息甚至错误信息，要获得最有价值的信息，就应该首先排除干扰信息和错误信息，然后再逐渐淘汰一般信息和次重要信息，从而筛选归纳出重要信息，即"关键词"。虽然这只是阅读的初级训练，但却是阅读的基础。教师必须有意识地加强培养和指导，使学生的信息筛选能力可以达到这一程度：读者凭借对文本语言的感受能力就可以直接判断和筛选文本中的重要信息，而不需要这种刻意的逻辑思维过程，亦即达到阅读理解"自动化"的程度。

"兴趣点"，即学生在阅读中发现自己最感兴趣的问题或是最打动自己的地方，并将产生兴趣的原因上升为理性的思考。找到"兴趣点"往往就能激发学生的兴奋点，这是文章阅读的高潮，是充满激情和审美的过程。换句话说，现在学生远离阅读一个很重要的原因是他们找不到"兴趣点"。这一训练过程要充分关注到学生个性发展的复杂性与差异性，注重培养学生的人文精神和审美能力。同一篇文章因读者的不同，"兴趣点"也往往不同，道理很简单，不同读者有不同的生活阅历和不同的感情体验，所以研究"兴趣点"一定要以学生为起点，要关注到学生的差异。

"兴趣点"是阅读的推进器。学生感兴趣的问题一定具有如下特点：来源于学生，又高于学生。这样做至少有几个好处：第一，学生有需求，讨论才有意义；第二，学生有兴趣，才有话可说，有话要说，才能形成对话；第三，找到"兴趣点"往往就找到了解读文本的钥匙。

"质疑点"，是阅读教学中要关注的第三个点，也是制高点。学生在阅读文本的过程中常常会遇到自己感到困惑的、怀疑的乃至否定的问题，这时，教师要鼓励学生发现并提出这些问题。这一点常常被教师在教学过程中淡化，尤其是在公开课中，许多教师为了能够完成所谓的教学任务，把课上得"漂亮"些，常常有意无意地忽略那些质疑的学生或者学生的质疑点，发言也总叫起那些擅长讲话的学生。这非常不利于学生健康地整体发展，甚至有悖于教师职业道德。

"质疑点"分为"不解"之疑、"不明"之疑和"不满"之疑三种类型，"不解之疑"就是学生在阅读过程中遇到的不懂的问题，"不明之疑"就是学生似懂非懂、不甚明了的问题，"不满之疑"就是学生在阅读文本过程中提出的批判性问题。前两种是教师在阅读指导中首先要解决的问题，最后一种是阅读中最有价值的问题，它往往可以把阅读教学的效果提高到最佳境界。学生的不满，可以是对教师解读文本的不满，也可以是对文本本身的不满。

举一个学生对教师解读文本"不满"的例子：我在给学生分析鲁迅的小说《祝福》时，就祥林嫂改嫁将头撞了个大窟窿这一情节，指出由此可见封建思想对祥林嫂毒害之深，以至于她不自觉地不惜以鲜血和生命为代价去维护置她于死地的封建礼教。话音未落，一位同学举手示意，表示不同意我的观点，我鼓励她说出道理。她说："祥林嫂历经第一次包办婚姻悲剧之后，已经逐渐觉悟，反抗意识开始萌芽，离家出走到鲁镇打工就是个明证，所以，再次遭遇绑架为婚拿人不当人，自然会反抗。她的反抗无非表明：婚姻是我自己的事，如果没有感情，宁愿没有婚姻，所以她的撞头行为不是守旧而是维护自己尊严的一种反抗。"她的发言赢得了同学的掌声，我也给了她掌声。虽然她为祥林嫂平添了许多现代女性的思想需要纠正和分析，但至少她的质疑和思考有助于深入理解作品中的形象和意义。

当然，我们鼓励学生质疑，并不是为了故意标新立异，而是鼓励学生独立思考，分析要有理有据，以理服人，进而培养学生的独立精神。我觉得，独立精神，对于中国知识分子来说，尤其重要。从历史上来看，发现问题的意识往往比解决问题的能力更难得，发现问题需要视野和洞察力，而解决问题则需要思路和技术。

在阅读过程中，"信息点""兴趣点""质疑点"三点是一个有机的整体。"信息点"是最基本的层面，体现知识与能力；"兴趣点"是主体层面，是激发学生阅读兴趣的重要切入口，体现审美过程和情感态度；"质疑点"是最高层面，体现思维方法和价值观。"三点式"阅读策略兼顾了学生心理特征、教师教学操作、文本解读规律等多方面因素，具有较高的科学性。同时，在目前阅读教学流于繁琐空泛的背景下，"三点式"阅读教学策略以其简约而又切合阅读规律的特点使阅读教学更加具有可操作性。

"三点式"阅读教学策略的整理与发现，在上世纪末本世纪初曾经引起一场关于阅读教学的讨论热潮，国内有十几家语文媒体都曾经发表过关于"三点式"阅读教学策略的讨论文章。浙派语文中心的老主任王尚文先生还曾经风趣地调侃我：本来是一个很严肃的学术话题，题目却搞得很"醒目"！我笑答："醒目"一点也没什么不好，文字本来就是让人产生想象力的，只要方向不错就好。好在通过讨论与争鸣，大家在阅读教学存在规律与方法的问题上达成了共识，因此阅读教学的效率提高就有了更大的发展潜力。

"可以告人"的秘密

从教 40 年，其中担任学校管理工作也超过了 20 年，让我感到充实和欣慰的是，我从来没有脱离教学一线，并以此为乐。我分别在四种不同类型的学校担任过语文教师，其中有普通中学、重点中学、全国示范性师范学校和改革开放以后的民办学校，见证并参与了不同类型学校的教育特色创建活动，跨越了南方和北方不同的地域文化，先后在写作教学、阅读教学和口语训练等不同领域进行了深入的实验探索，大面积地提高了语文教学的效率，形成了比较丰富的教学研究成果，推动了语文教学的改革，受到了学生、同行的好评，也得到了语文界专家的指导和关注，在全国产生了一定的影响。几十年的教育教学实践，如果让我奉献几点最深刻的体会于我的同行，我认为最重要的几点是：

第一，爱，是教育最强大的动力。

第二，每一个学生都是一个潜在的天才。

第三，教师是天下最辛苦的职业，也是天下最幸福的职业。

第四，教师做得好，需要真功夫。

第五，教书是表，育人是本。

第六，不做班主任，是教师职业最大的遗憾。

第七，语文教学的课堂不仅在课内。

第八，做一名对学生的终生发展有影响的语文教师是我的职业梦想。

第九，为每一个学生提供适合的教育，是教育的最高境界。

教育的真谛，个中的滋味，一定是因人而异的，这不仅与各位的生活经历和学习经历有关，而且在于各位的悟性。

悟出来的道理，才有用。

周益民

任教于南京市琅琊路小学，2005 年被评为小学语文特级教师，获南京市"新世纪教书育人楷模"提名奖、"江苏省优秀教育工作者"称号，2012年被评为南京市鼓楼区首批杰出教师，先后担任第二届丰子恺儿童图画书奖、第三届信谊图画书奖初审评委。著有《做个书生教师》《回到话语之乡》《儿童的阅读与为了儿童的阅读》《周益民讲语文》《步入诗意的丛林》。

诗化语文：与儿童共同寻找语言家园

> 引领儿童诗意地栖居大地，倾听她的无声言说，沐浴她的恩典，滋养一颗
> 纯净丰饶的心。
>
> ——题记

在语文教学实践与思考的同时，我对文学、艺术、美学、儿童哲学等领域也产生了浓厚的兴趣，触角的不断延伸带动我对语义理解的深入，帮助我不断提炼对语文的认识。在这种向外拓展语文外延，向内收敛语文内涵的过程中，2002 年，我正式提出"诗化语文"这一命题。

一、诗化语文的提出

（一）诗化语文是什么

诗化语文，是一种语文教学主张，是对"什么是语文""语文课程意欲何为""语文教学究竟怎样展开"等一系列问题的根本回答。它是一个拥有特定内涵的整全性概念，扎根于语言的本质属性，立足儿童性，进而是对语言与儿童

存在关系的一种揭示。

从本体论的意义上，诗化语文主张语文是一种"诗性"的存在；从认识论的意义上，诗化语文主张"诗化"是认识语文的一种方式；从课程与教学论的意义上，诗化语文主张语文课程与教学的概念重建，提倡文学生活是语文课程的核心，儿童是课程开发者，语文学习的过程是儿童体验、想象、创造的过程，是"诗化"的过程。

（二）为什么是"诗化"语文

1. 儿童性即诗性

对儿童的认识是教育的逻辑起点。我们认为儿童不仅仅是人必然走过的一个初始阶段，不仅仅是人走向成熟必须经历的一个心理阶段，更是一个独立、完整、独具特色的美妙世界。儿童在本质上是一种缪斯性存在，儿童文化是缪斯性文化。这种缪斯性文化主要表现为充满旺盛的想象力，具有诚挚的情感，怀着艺术化的生活态度。儿童个体初始阶段的语言是非符号、非逻辑的，因而有人说儿童天生就是诗人。诗化语文倡导的理念正吻合于儿童的这一心理特征，或者说，儿童所具有的这种文化特质正是诗化语文存在的意义。

2. 汉语即诗性语言

一个民族的语言，不仅是一种特殊的表述方式，而且是一种独特的思维、感受乃至存在方式。从这个"存在的家园"出发，中国人自古就以一种诗性的思维和诗性的态度来对待世界。精通近十种语言的辜鸿铭指出："汉语是一种心灵的语言、一种诗的语言，它具有诗意和韵味，这便是为什么即使是古代的中国人的一封散文体短信，读起来也像一首诗的缘故。""汉语是人治的语言"，汉语最根本的特点在于缺少形态变化，词与词、句与句、段与段之间的组合非常灵活，极具"人性"。与印欧语系相比，属于汉藏语系的汉语在词汇上具有多义性、模糊性的特点，在语法上具有灵活性、随意性的特点，在语音上具有因声调而带来的音乐性的特点，这一切自然无助于逻辑性的表述和科学性的思维，但恰恰有利于形象性的表述和艺术性的思维。

3. 儿童与语言的诗性关系

苏联儿童文学作家朱可夫斯基通过研究认为，幼儿期的儿童即已掌握各种式样、节奏声音、押韵形式、形象以及一些伟大文学家采用过的结构，儿童天性地具有探索语言的强烈愿望和潜力，具有与生俱来的诗感。

儿童沉浸在语言编织的世界，像把玩魔术一般在语言所展示的瑰丽神秘里嬉戏、流连，体验着精神的狂欢，语言把儿童的虚构与真实、生活与幻想交融在了一起。

当儿童与母语相遇，一个精神的寓所向着他们敞开，语言成了他们的存在家园。于此，儿童通过语言跟世界缔结一种和谐、完满的关系，这样语言就不仅是一种信号，更成为一种象征。儿童与语言的这种关系就是一种诗性关系。这正是诗化语文的依据与旨归。

二、诗化语文的价值追求

诗化语文的价值追求可以凝聚为一句话：过一种儿童的文学生活。

（一）文学生活是儿童的本色生活

儿童是本能的缪斯。儿童的精神是一种诗性存在。他们不用概念、判断与推理，而凭借与生俱来的惊人感受与旺盛想象把握世界，充盈着美丽的光泽。正是在这个意义上，我们认为，文学生活是儿童生活的应有之义，或说是对儿童生活的一种呵护。

文学生活的倡导带有鲜明的现实意义。目前的儿童生活严重倾向于功利化、粗鄙化、成人化，童年意义一再被误读，童年境遇正在失范，童年文化遭到扭曲。文学生活恰是对童年生态遮蔽的一种抵制和对童年消逝的勉力挽救。

（二）文学生活是儿童的精神生活

文学是心灵的歌唱，文学生活就是精神生活。海德格尔说："真正的艺术体验，是在物理时间中，逐步抛弃物理时间的精神运动。"儿童的身体与精神在一同成长，身体需要健康，精神需要丰富，文学生活指向于儿童的精神成长。圣洁、诗意、纯粹，这些看似缥缈的体验在文学中诞生并永恒。

儿童的文学生活，还指超越文学阅读、文学创作行为的一种生活状态和风貌。其中，儿童文学尤为显现出其与儿童的天然依存关系。儿童文学是为着儿童、解放儿童的作品，竭力彰显儿童的天性、灵性、想象力。儿童文学是快乐文学，游戏文学，审美文学，它所张扬的追求自由、走向自然、崇尚游戏、享受审美的理念，构成了文学生活的核心要义。这样，童年，真正成为了人之心灵故乡。

（三）文学是语文生活的一种活动

文学不仅是资源和内容，不仅以文本形式存在，它还是动词，以活动的方式存在，常常表现为一个过程。她唤醒儿童沉睡着的与世界发生联系的方式，调度儿童内心的语词选用。1980 年度安徒生奖得主、捷克作家波乎米尔·日哈，谈到 8 岁时阅读捷克古典作家斯拉德克的诗集给自己的影响时说："斯拉德克的诗教会我什么道理呢？哦，太阳是金黄金黄的。天是大亮的。泉水清澈透明像水晶石。天空白净净，而地上的马也许长着黑亮亮的毛。那狗是什么样的？哦，它从早到晚都活蹦乱跳，谁知道为什么。总之，这世界是美好的，活得很有意思。"

三、诗化语文的课程建设

诗化语文认为，文学阅读是小学阅读课程的核心内容。

阅读课程的领域多维而丰富，就作品言，既有文学也有文章。但是，任何领域针对特定人群，都有轻重主次的层级之分。我认为，就儿童言，文学作品居于阅读圈的核心层。

文学与童年几乎构成同义语，儿童其实生活在自己构想的童话世界，而并非生活在现实世界，朱自强先生干脆宣称"儿童期是文学期"。

还在襁褓之中，节奏鲜明、音韵协调的童谣就搭乘母亲慈爱的眼神、温柔的拍抚、悦耳的嗓音飞入摇篮梦境。童谣让孩子快乐、放松、安全。这便是个体最初的文学启蒙。再长大，故事与童话成了童年的最佳伴侣。有哪个孩子不为孙悟空的七十二变欢呼雀跃，不为阿凡提的智慧勇气拍掌叫好，不为神笔马良加油鼓劲，不为皮诺乔的鼻子喜忧参半？儿童就是这样"真实的想象"着。

将文学视作阅读课程的核心内容，是对儿童心性的一种顺应，也是与其天性的一种合作。

（一）开拓语文课程新疆域

诗化语文坚守、弘扬传统语文课程优势的同时，在突破与改革上积极探索，尝试以儿童阅读为龙头，整合、组织课程。

我理解的儿童阅读指儿童本位的阅读，即从儿童的兴趣与需要出发，指向儿童精神建构、促进儿童人格完善的阅读，具体包含三个层面：①作为儿童的阅读：指生理意义上的儿童的阅读。②回归童心的阅读：对于成年人而言，童年是一种心灵状态，是一个精神家园。挪威儿童文学作家乔斯顿·伽德尔的话耐人寻味："在幻想文学中充满镜子的小屋里，我们受到感召擦去现实中的灰尘，这样我们就可以再次体验像儿时一样纯净的世界——那是我们变得'世故'之前的世界。我们所有人都还有希望。"富于童心的成人在儿童阅读中找回了纯真、良知、满足和快乐。③为了儿童的阅读：一部分人群（如父母、教师等）因为某种身份或者责任、兴趣驱使，投身儿童阅读，以更好地实现文化传递。美国诗人史斯克兰·吉利兰（《阅读的妈妈》的作者）曾写有短诗："你或许拥有无限的财富／一箱箱的珠宝与一柜柜的黄金／但你永远不会比我富有——／我有一位读书给我听的妈妈"。这位"妈妈"的阅读就是为了儿童的阅读。

可见，儿童阅读是沟通成人世界和儿童世界的桥梁，其读者群具有双重结构性，即不仅包括年龄意义上的儿童，也包括心性意义上的"儿童"（成人）。

儿童阅读是当前小学语文课程形态多样化的一个重要体现，它的兴起蕴藏着某些理念的变革。我尝试着将其与传统的课外阅读作一比较：

阅读性质：课外阅读定位于课外（课堂、学校以外）的阅读，属弹性课程，学生的阅读行为基本属于半自发状态，阅读时间与效果难以保证。儿童阅读着力于打通课内外的鸿沟，还阅读以应有的地位。

阅读功能：课外阅读定位于教材延伸，从属、服务于教材，处于课程边缘地带。儿童阅读包含了丰富多样的形态，有着自己的独立价值。

阅读内容：传统的课外阅读来源于成人本位，教师对儿童文学作品比较隔膜。儿童阅读的理念促使教师关注、了解儿童文学，强调阅读文本儿童性与文学性的融合。

阅读文本：传统课外阅读以单篇为主，阅读量得不到保证。儿童阅读理念强调整本书的阅读，既大大拓展了阅读内容审美蕴涵的丰富性，也满足了儿童挑战自我的心理。

阅读目标：因为阅读活动大多属于阅读主体的自发行为，传统课外阅读中阅读者的阅读享受很少得到分享、提升的机会。儿童阅读作为课程的形态，经验分享、审美愉悦等是其明确的目标追求，教师必须给予相应的关注与帮助。

1. 整本书阅读课程

整本书阅读是当前小学语文课程形态多样化的一个重要体现。整本书阅读进入课程，不管从教学内容还是教学活动的组织看，都已引发原有语文课程形态的变革——丰富了课程资源，扩展了课程内容，开拓了阅读教学组织方式，具有课程重构的意义。

民国时期，叶圣陶就曾呼吁重视整本书阅读。1941 年，叶老在《论中学国文课程的改订》一文中指出："现在的国文教材似乎该用整本的书，而不该用单篇短章……退一步说，也该把整本的书作主体，把单篇短章作辅佐。"叶老针对的是中学，但对小学语文课程的建设同样适宜。

诗化语文在进行整本书阅读时的一个鲜明特点，是强调共读的意义。

所谓共读，是指团体成员共同阅读、交流同一本书，包括同伴共读、师生共读乃至亲子共读，一般每学期共读两至三本书。

共读有利于建立话语环境。成员共同阅读慎重择定的符合大多数成员趣味的书籍，等于建设一个该群体的话语系统，为成员间的交流讨论提供了一个共有平台。共读也使得读书的讨论交流更富针对性与效率性。每一位个体将各自的背景投影于同一文本、相同话题，其间的认同与碰撞、互动与融通将得到最大效应的同化。这种互动过程常常也是经由他者发现自我的过程。

共读满足了儿童对群体归属感的天然需求。共读使得成员拥有相通的言语方式。语言的本质是人的存在，言语方式相通的本质是人的精神世界的相互认同与包容。阅读是一种精神生活，是一种成长过程，共读建立了一种拥有共同记忆的生活方式。尤其亲子共读的进行，更使得故事的音韵带着体温划过耳边，煞是温馨。

2. 诵读与聆听课程

这里的诵读与聆听，并非指语文课堂的教学方法，而是指语文课程的一种形态。

先说诵读课程。

诵读，包括背诵、吟咏、朗读三个基本要素，是我国传统语文教育的经验，对儿童的语言发展、精神涵育具有重要意义。

儿童诵读的材料强调"有我的诵读"，也就是所诵材料应该合乎儿童趣味、切合儿童包括语言在内的身心发展需求，为儿童乐于接受。内容选择上，应以韵语为主，包括儿歌、童诗、现代诗歌、古诗词曲等等。张志公先生在《传统语文教育初探》中说，韵语"整齐，押韵，念起来顺口，听起来悦耳，既合乎儿童的兴趣，又容易记忆"。譬如传统韵语中的对对子，即是具有汉语典型意义的一种形式。张志公先生说："对偶，跟押韵一样，也是汉语汉字的特点，也有利于儿童的朗读、记诵。从声音上说，和谐顺畅，读来上口，听来悦耳；从内容上说，或者连类而及，或者同类而比，或者义反相衬，给人的印象特别鲜明突出，容易联想，容易记忆，境界高的，更给人以优美隽永之感。"

儿童诵读的材料应饱含民族文化、寄托民族精神。索绪尔指出："一个民族的风俗习惯常会在它的语言中有所反映，另一方面，在很大程度上，构成民族的也正是语言。"诸如"露从今夜白，月是故乡明"的借月思乡，"遥知不是雪，为有暗香来"中梅花的纯净洁白，"岁寒三友"的高洁品格，都是在儿童心田种下民族文化的基因。

儿童诵读的材料还应放眼世界文化，增进对异域文明的了解。金子美铃的童谣，斯蒂文森、希尔弗斯坦的童诗，泰戈尔、纪伯伦的散文诗，都是让孩子们爱不释手的优秀章什。

再谈聆听课程。

聆听课程与作为学习方法的"聆听"不同，它不只是听知注意力、记忆力、思维力等品质的培育，更是以文学审美为目标、以作品聆听为途径的综合体验。

聆听课程是幼儿亲子阅读的延续与发展，与亲子阅读的随意、自发比较，它更具计划性与自觉性。

在低年级，识字量的限制与学生阅读量扩大的渴求是长久以来的一对矛盾。由于汉字的固有特点，中国学龄初期儿童的阅读量与拼音文字国家同龄儿童的阅读量相比大大不足。聆听课程的开展从一个角度解决了这一问题。教师选择儿童喜闻乐见的叙事性文本，譬如童话《小猪唏哩呼噜》、民间故事《田螺姑娘》、儿歌《孙悟空打妖怪》等，声情并茂地讲述或诵读，满足了孩子的阅读渴求。长篇作品的讲述则讲究故事的悬念设置，让儿童欲罢不能，有效激起持续聆听的欲望。

聆听课程更大的意义在于让儿童切察母语的音韵之美。洪堡特说："为什么母语能够用一种突如其来的魅力愉悦回归家园者的耳朵，而当他身处远离家园的异邦时，会撩动他的恋乡之情？在这种场合，起决定作用的因素并不是语言的精神方面或语言所表达的思想、情感，而恰恰是语言最不可解释、最具个性的方面，即语音。每当我们听到母语的声音时，就好像感觉到了我们自身的部分存在。"耿占春先生谈及童谣的押韵时，也精辟地揭示了这一奇妙现象："一个事物与另一个事物之间的联系，就是由于它们押同一个韵，由于它们的和谐。没有比这更有意义或无意义的联系了。"聆听，正是以顺应儿童特点的方式从音韵角度帮助儿童建立与母语的联系。譬如，富有音乐感、节奏明朗、生动活泼的儿歌语言可以引起儿童的美感、愉悦感，是儿童最早感受母语文化的重要语言和文学形式，有助于儿童语音方面的美感熏陶。再如，由于西方理论的套用，中国古典诗词的教学只剩下字义，而真正藏于声韵之中的言外之意却丢失了。那些字义通过声韵的流动得以展示，我们通过名家吟诵的聆听、跟学，让学生感受到汉语平仄交替的节律，"使自己的心灵与作品中诗人的心灵能借着吟诵的声音达到一种更为深微密切的交流和感应"（叶嘉莹语）。遗憾的是，随着年级的增高，欣赏意义的聆听正从我们的课堂逐渐缺失。在诗化语文的视域，凡能体现汉语韵味的作品，都是聆听课程的重要内容，包括诸如评书、相声、话剧表演等。

聆听课程的元素也是丰富的，除最为通常的配合文字声音的音乐，还可有画面的介入、文字的视读、身体的表现等，以使聆听效益最大化。

3. 表演性阅读课程

表演性阅读也是阅读的一个组成部分，以形体的外部表现为表征，以对应文本的体验为内容。表演性阅读是文本与阅读者互相渗透的一种表现，也是阅读者对文本二度开发的过程，是对文本最本真的理解和再创作。

表演性阅读与阅读活动中的表演基本同义。传统的阅读教学间或也有表演，但一般仅作为教学过程中理解词语或揣摩语意的辅助方法。表演性阅读更强调故事的相对完整与编导演全程的协作。这种"表演"与演出的表演不尽相同，它重在参与的过程与投入的兴趣，对结果的完美度没有过高要求，有时甚至表现为某种粗陋。

表演性阅读符合阅读规律。当阅读者被作品深深打动时，内心的情绪常会情不自禁地通过自己的体态显露，所谓情动于中而形于外。

表演性阅读符合儿童天性。戏剧理论家斯坦尼斯拉夫斯基曾经说过："成人的演员应该向儿童学习表演！""等你们（指演员）在艺术中达到儿童在游戏中所达到的真实与信念的时候，你们就能够成为伟大的演员了。"儿童游戏时自然、本真、投入，确是最伟大的演员。表演性阅读正是与儿童这种最天然的表演能力合作。表演性阅读中，儿童表现出鲜明的身心一元性，"身体的实践生活才能帮助儿童建立起生活的实感，对'自我'具有召唤意义"（朱自强语）。

譬如低年级的儿歌诵读。歌戏互补是儿歌的一大特点，诵、唱、戏、笑合为一体，往往与游戏配合。因此，有些儿歌的诵读就可与表演、游戏相结合。

儿童参与表演的多是有较强故事性和形象性的叙事型作品，如童话、小说，一般经历"阅读—改编—排练—表演"的过程。这一过程其实就是一次二度创作的过程，是不断想象、体验、内化、表现的过程。

4. 口传民间文学课程

女娲造人、嫦娥奔月、牛郎织女、孟姜女哭长城……这些散发着泥土芳香的故事曾经陪伴着一代代人的成长，成为永远的记忆。然而，随着现代化的阵阵凯歌，人日渐疏离栖息的土地，城市文化迅速入侵，那些哺育了我们民族的民间文学被视作粗陋之物而被人们逐渐抛弃。

民间文学以口耳相传的方式传播，是鲜活生动的语言，最为贴近普通民众的旨趣，实质是民众的一种狂欢。

民间文学也是民族的文化传统。因为嫦娥与吴刚，中国人眼中的月亮肯定不同于外国人之所见；因为牛郎与织女，我们眼中的夜空更加神秘；说到大海，我们必然想起水晶宫、海龙王。阿里山、日月潭因为大尖哥、水社姐的传说更为动人，春节也因为"年"的传说更增加了热闹的气氛，刑天舞干戚的神话则形成了中国童话最早的审美模式——变形再生……这些，都已经弥漫在我们的肌体之中，成为中国人的血脉、气质与标志。

可见，作为非物质文化遗产的民间文学作品，是民族的文化之根，包含着丰富的生活经验、民众情感和历史价值。民间文学作品与儿童其实有着密切的关联，歌戏一体的童谣是孩子们喜欢的形式，作为先民歌唱的神话，其泛灵论的思维方式不正是孩童的吗？传说与故事自然也是孩子的最爱。孩子们乐不可支地阅读着，民族的文化悄然得到渗透。民间文学就是这样一朵盛开在田间山头的野花，朴素、芬芳而持久。

近年，我们尝试着将神话、传说、故事、歌谣等民间文学样式带入课堂，受到热烈欢迎。与此同时，适时引入诸如对歌、相声、快板、西河大鼓、戏曲等民间语言艺术形式，甚至方言诵读，既增强了情趣，更让现代疏离田园的孩子嗅到泥土的芳香——这是母语学习的源头。这一探索正从一个角度弥补了当下语文课程的不足，坚定了从母语获得的尊严。

民间文学的阅读与教学，在低中年级主要是聆听与讲述、诵读，因为口头语言诉诸人的听觉，是一种"耳治的语言"。到高年级，逐渐加入作品的形式分析与民族文化元素的讲解体会。譬如，高年级进行"巧女故事"的阅读，我们就指导学生发现、概括这类故事的叙事模型，并尝试着运用这一模型编创自己的巧女故事。

（二）追求语文课堂"诗"特征

诗化语文强调从儿童出发，遵循母语学习规律，其课堂呈现如下典型特征：

1. 流动"孩子气"

语文课堂的"孩子气"既指课堂上师生的情绪状态，也指教师引导下的面对文本的姿态。

儿童文学作家沈石溪在谈到校园小说的"孩子气"时曾说："何谓孩子气？成人认为不是事情的事情，成人认为不是矛盾的矛盾，成人认为不是问题的问题，孩子却特别较劲，特别认真，为之动容，为之欢笑，为之烦恼，为之感动，为之哭泣……"这段话生动地揭示了儿童独特的价值观、审美观，对我们语文课堂的理解不无借鉴之用。

成尚荣先生说，教室中的儿童要与文本中的儿童联结，老师的精神状态也要和孩子一样，三个儿童走在一起进行沟通，那是诗意的欢聚。

游戏，几乎是童年的象征。游戏精神其实就是"玩"的精神。语文学习首先要给孩子乐趣，要让孩子在语文中找寻到欢欣的元素。教学主题单元"大海啊，故乡"时，我设计了一个有意思的话题：你们觉得大海是小伙子还是大姑娘？是老奶奶还是老爷爷？是大胖小子还是丫头片子？孩子们对这个话题很感兴趣，扣住文本侃侃而谈，气氛活跃宽松。

儿童是情感的王子，想象是儿童生命和儿童文化的魂魄。让课堂流动孩子气，就要注重为孩子的情感释放、想象放飞创造空间。我经常运用角色扮演的方式，让孩子对文本形象产生角色认同与移情体验。孩子们物我同一，在自然的状态中、在想象的推动下，创造出活泼的语言。

再说面对文本的姿态。

童话是儿童文学作品中最具"孩子气"的，面对这样的文本，我们不能用现实逻辑的标尺去解读，而要尊重童话的逻辑。童话逻辑是一种超现实的、假定性的多值逻辑，它不仅诉诸理性，还诉诸悟性。"孩子气"其实正是这种童年逻辑。

2. 飘散"文学味"

文学并非少数人掌握的一种技艺，而是人类的生存状态。你可以不是诗人，但不能没有诗意。海德格尔认为，文学在大地和天空之间创造了崭新的诗意的世界，创造了诗意生存的生命。文学就好像一盏灯，照耀着人们的心房。

要以"文学的方式"把握教材。不少教师习惯于以分析的方式研究教材，容易走向支离破碎。强调"文学的方式"，是说教师要帮助学生一起走进文本，体会文本言与意的同一。记得我教学《白鹭》一课时，就着重引导孩子想象文字描绘的画面与作者遣词造句的精美，在诵读与描述中感受文本传递的愉悦体验。

要讲究课堂对话的方式。我以为最重要的，是要引导孩子走向内心。优秀的文本总是呵护着我们内心的梦想、丰富着我们的想象、温暖着我们的感受，让我们从小就成为一个有趣味、有气质、有道义的人。儿童是一种缪斯性存在，是最富于灵性和诗意的。从本质上说，每一个孩子都是亲近文学的。日本作家新美南吉的《去年的树》，讲述鸟儿和树是好朋友，它天天唱歌给树听，将要飞回南方时，鸟儿答应了树的请求——还回来唱歌给它听。可是第二年春天，当鸟儿飞回来找它的朋友时，树却不见了。鸟儿四处寻访，最后找到由树做成的火柴点燃的灯火。朋友不在，友情还在，诺言还在，它心里充满了忧伤和惆怅，面对着由朋友生命点燃的油灯，唱起了去年的歌。行文留下大量空白，这固然成就了本文淡然、内蕴的风格，也为教学提供了良好的切入角度。我着重于开掘内心的想象体验，抓住"眼睛"这一心灵之窗，前后贯通，脉气相连，引导学生走近角色，体验情思，获得感动。

"文学味"是否会消解语言的学习？恰恰相反，"文学是通过语言来表达它的世界图景的"（李海林语），投入文学，正是沉浸在语言的包容中。钱理群先生这样论述文学作品的教学核心："文学阅读的另一个重点，应是对作品语言的感悟。真正的文学大师笔下的语言，是具有生命的灵性的，它有声，有色，有味，有情感，有厚度、力度与质感，是应该细心地去体味、沉吟、把玩，并从中感受到一种语言的趣味的。"

关于语言的产生，有人持"表现说"。曾有学者研究表现如何转向形式化，如何通过形式化而表现情感，最终美的形式如何演变成诗歌。儿童语言的发生与人类童年期的语言发生有着某种类似。儿童文学是儿童"自己的"文学，童谣、童诗、童话抚慰了儿童的内心焦渴，释放了儿童的内心呐喊，实现了儿童的内心创造，其精神世界与儿童的精神世界同构对应。儿童阅读这样的作品，正是进行一种心灵游戏，进行一场由"我"参与的潜意识活动。文学作品的言说形式给儿童平日身处的日常语言空间以有力的规范解构，他们从中发现了一个崭新的诗意的语言世界。在其言皆若我所言，更言出我所不能言的感觉下，有效地习得着语言。

3. 生长"冥思力"

语文课堂应有诗意的流淌，也应有思想的流动。所谓"冥思"，是一种沉入灵魂深处的默想，当儿童调动已有知识、情感积淀与新的问题情境碰撞时，便会产生活泼泼的"悟"来。这既是对原先语文教学过多抽象色彩的扬弃，又是对当下语文教学过多强调感性的超越。"思"的缺失，常常导致很多课表面看似热闹，深思起来却又觉得苍白无力。有西哲说，必须有思者在先，诗者的话才有人倾听。这就是语文课堂的诗性智慧。

"冥思力"的生长需要课堂的"静""净""境"。

课堂需要"安静"，表面的浮华不利于师生的深度交流。"安静不是静止，不是封闭"，"是湖的深邃才使得湖面寂静如镜"，"最好的境界是丰富的安静"。周国平先生是在说人生，但课堂何尝不该如此？由于课堂的丰富的安静，师生精神进入极为活跃的状态，"观古今于须臾，抚四海于一瞬"。

课堂需要"纯净"，读与思，自悟与分享，框架简洁，手段简明，智慧生发，精神澄明。因为艺术上的单纯常常不是低级的而是高级的，是真正的上乘功夫。

语文课堂还追求"境"的生成。首先是得体的物理环境的营建，其次是与课堂和谐的师生良好心境的形成，此二者加之文本张力的协同作用，便使语文课堂产生一种动人的情境乃至意境：或欢欣活泼，或抒情温馨，或深邃智慧。师生徜徉其间，怎不生母语学习的幸福与满足？

让课堂生长"冥思力"，其实是引导儿童站到文字后面去。肖川曾引用一位海外中国诗人的话说，每当他看到"碧海、沧桑、江湖"这些汉语独有的词汇时，都会莫名地激动，甚至落泪。确实，语言的背后是家园，是永远无法忘却的记忆。只有学会站到文字后面，才会真正体悟到母语的"根"之情怀，才会真正得到心灵的荡涤。教学郭沫若的《白鹭》，我即以此理念为支撑作了尝试，最后，我引导学生思考："白鹭如画、如歌、如诗，它独具的诗情打动了我们。有人说，世界上的事物，有的因为美丽而可爱，有的因为可爱而美丽，课后想想，白鹭又属于哪一种?"